**국회의원은
아니지만
국회로 갑니다**

국회의원은
아니지만
국회로
갑니다

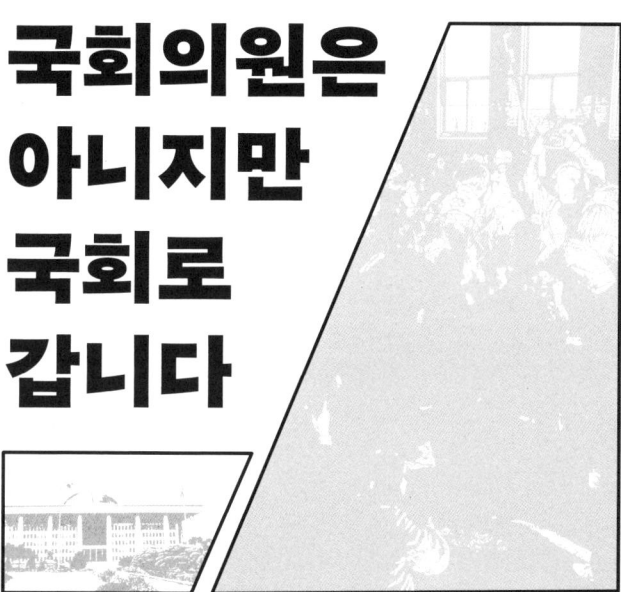

**나이 서른에 국회 다니는
유 보좌관 이야기**

유신욱
지음

메디치

추천의 글

민주주의 현장을 생생하게 기록한 보고서

우원식
국회의장

민주주의는 기록 위에 서 있습니다. 기록은 진실을 지키는 힘이고, 기억을 지탱하는 기둥입니다. 12·3 비상계엄으로부터 민주주의를 지킨 것은 어느 한 사람이 아니었습니다. 이 책의 제목이 말하는 것처럼, 수많은 국민들이 국회 앞으로 달려왔습니다. 국회 직원, 보좌진, 당직자들과 함께 계엄군을 막고 의원들의 본회의장 진입을 도왔습니다. 그 힘으로 그날 대한민국 역사는 추락하지 않았습니다.

이 책은 그날의 국회를 생생하게 기록한 민주주의의 현장 보고서입니다. 저자가 직접 보고 듣고 겪은 일을 책으로 엮었습니다. 위기 속에서도 헌법과 절차, 민주주의를 수호해낸 사람들의 용기와 결연한 의지가 고스란히 전해집니다. 이 책이 그날의 역사에 대한 우리 사회의 기억을 더욱 단단히 세우고, 민주주의의 가치를 후대에 전하는 소중한 증언으로 남길 바랍니다.

정치에 관한 치열한 반성과 성찰의 기록

박지원

국회의원

보좌관을 보면 그와 함께하는 정치인의 미래를 알 수 있습니다. 훌륭한 정치인은 자신의 보좌관에게 영감이 되고, 또한 보좌관으로부터 영감을 얻습니다. 보좌관 출신 정치인들이 맹활약하고 있는 이유입니다.

그런 점에서 모경종 국회의원은 참으로 축복받은 정치인입니다. 그에게 이재명 대통령이 있듯이 이제 그에게 유신욱 보좌관이 있기 때문입니다.

정치는 '약자의 눈물을 닦아주는 종합예술'입니다. 그러나 현실에서 늘 냉정한 성과로 말해야 합니다. 유신욱의 이 책은 그 치열한 반성과 성찰의 기록입니다.

저자는 윤석열 계엄 내란, 탄핵의 시절에 대한민국에 작동했던 위대한 DJ의 행동하는 양심을 소환해서 대한민국의 희망, 정치의 역할을 말하고 있습니다.

대한민국의 미래가 될 모경종과 유신욱, 유신욱과 모경종의 케미를 생각하면서 독자 여러분께도 일독을 권합니다.

'보좌관의 보고서'이자 '시민의 일기'

신정훈
국회의원, 국회 행정안전위원회 위원장

'국회의원은 아니지만 국회로 갑니다'
제목부터 벌써 한 방 먹입니다.
국회에선 늘 이런 사람이 필요합니다. 책임은 무겁게, 하지만 시선은 가볍게, 현장을 알면서도 제도의 언어로 풀어낼 줄 아는 사람 말입니다.

이 책의 저자 유신욱 보좌관은 국회 행정안전위원회에서 함께하며 누구보다 가까이서 우리 행정과 정치를 바라본 사람입니다. 불평 대신 분석으로, 냉소 대신 대안으로 정치를 기록한 이 책은 '보좌관의 보고서'이자 '시민의 일기'입니다.

중앙정치의 벽을 넘어 지역의 삶을 바꾸는 정치로 가는 길을 모색하는 저자의 시선은, 지방소멸과 중앙집권의 벽을 걷어내야 한다는 오늘의 과제와 맞닿아 있습니다. '정치의 문턱'을 낮추고 '국회의 문'을 활짝 여는 이 책이, 더 많은이들에게 새로운 길잡이가 되기를 바랍니다.

정치는 멀리 있는 게 아닙니다. 오늘도 '국회의원은 아니지만 국회로 가는' 수많은 사람들의 발걸음 위에서 자라고 있습니다. 그 길 끝에서, 진짜 정치의 희망을 만날 수 있기를 기대합니다.

현장을 외면하지 않는 '참 쓸 만한 사람'

김영환
국회의원, 더불어민주당 당대표 정무실장

"답은 현장에 있고, 현장은 늘 스승이다."

정치에 입문한 이래 평생의 신조로 삼아온 말이지만, 솔직히 고백하면 늘 지키기는 어려운 말이기도 합니다. 정치의 거친 파도에 휩쓸리다 보면, 어느새 현장의 소중함을 잊고 책상 앞에 갇히기 쉽기 때문입니다.

유신욱 보좌관과의 인연은 그가 20대 초반의 앳된 청년이었을 때로 거슬러 올라갑니다. 당시 경기도의원으로 활동하던 제 눈에 비친 그는, 열정은 누구보다 뜨거웠지만, 그 뜨거움을 담아낼 냉철함은 아직 여물지 않은 원석과 같았습니다. 그 모습이 보기 좋으면서도, 한편으로는 저 뜨거운 열정만으로 험난한 정치 현실을 헤쳐나갈 수 있을지 내심 걱정이 앞섰던 것도 사실입니다.

하지만 저의 우려는 보기 좋게 빗나갔습니다. 그는 때로 저보다 더 치열하게 현장을 파고들며 그 가치를 스스로 증명해냈고, 어느덧 든든한 '현장형 보좌관'으로 성장해 있었습니다. 그런데 제가 정말 놀랐던 것은 그 다음이었습니다. 그는 현장에만 머무르지 않고, 이론을 파고들며 정책적 깊이를 더하는 노력을 멈추지 않았습니다. 뜨거운 현장 감각에 냉철한 이론적 깊이를 더하며, 비로소 '균형'을 갖춘 인재로 거듭난 것입니다.

몇 년 전 고양시장 경선에 도전했을 때의 일화가 생각납니다. 선거를 돕던 그가 어느덧 많이 성장한 것을 보며 덕담을 건네자, 그는 "의원님께 배운 덕분"이라며 도리어 저를 추켜세우는 겸손함까지 보였습니다. 생각보다 속이 깊은 친구라는 것을 그때 다시 알았습니다.

더 놀라운 것은 그가 지금 이 순간에도 멈추지 않고 성장하고 있다는 사실입니다. 그의 잠재력은 어디까지 닿을지 상상하기 어려울 정도입니다. 제가 주변에 "이 친구 참 쓸 만하다"라고 기꺼이 말할 수 있는 이유입니다.

이번에 그가 쓴 《국회의원은 아니지만 국회로 갑니다》는 바로 그 '쓸 만함'을 증명하는 결과물입니다. 특히 "'이상'과 '상상'이 정치인의 영역이라면, 그것을 현실로 구현할 '대안'을 만드는 것은 보좌진의 영역이다"라는 대목에서는 저도 모르게 고개를 끄덕이기도 했습니다. 그가 지난 시간 동안 얼마나 치열하게 자신의 역할을 고민하고 단련해왔는지가 그 한 문장에 고스란히 담겨 있기 때문입니다.

저 역시 보좌관 출신으로서 그의 깊이 있는 통찰과 내공,

단단한 균형 감각을 마주하니, 이런 후배들이 마음껏 성장하고 도전할 수 있도록 선배로서 길을 닦아주어야 한다는 생각이 듭니다.

이 책은 정치에 도전하고 싶은 이들에게는 더없이 훌륭한 안내서가, 정치에 지친 국민에게는 다시 한번 희망을 품게 할 따뜻한 위로와 격려가 될 것입니다. 매일 국회로 향하는 한 젊은 보좌관의 걸음 속에 담긴 성장과 고뇌의 기록을 기쁜 마음으로 추천합니다.

묵묵히 길을 내는 '젊은 베테랑'

모경종

국회의원, 더불어민주당 전국청년위원장

의정활동을 하다 보면 깊은 고뇌로 잠 못 드는 밤이 있습니다. 특히 수많은 이해관계가 얽힌 지역구 현안을 마주할 때면, 밤을 하얗게 지새우기도 합니다. 그것은 주권자인 국민의 선택으로 이 자리에 선 국회의원이라면 마땅히 감당해야 할 숙명과도 같은 시간입니다.

그런데 제 옆에는 저만큼이나, 어쩌면 저보다 더 진심으로 이 고뇌의 시간을 함께 나누는 사람이 있습니다. 바로 유신욱 보좌관입니다. 그래서 저는 그를 '직원'이라기보다 '동지'로 생각합니다. 그는 검단의 수많은 난제들을 마치 자신의 일처럼 고민했고, 실제로 불가능해 보였던 많은 문제들을 함께 풀었습니다.

그의 가장 큰 무기는 침착함입니다. 어떤 현안이든 문제 해결을 중심으로 접근하는 그의 모습을 보며, 요즘 말로 'T(사고형)'가 아닐까 짐작했습니다. 하지만 실제로는 'F(감정형)'에 가깝다는 말을 듣고 놀랐던 기억이 있습니다. 덕분에 그가 일에 있어서만큼은 스스로의 감정을 의도적으로 통제하며, 냉철한 해결사의 면모를 유지하려 얼마나 노력해왔는지를 알 수 있었습니다. 젊지만 오랜 경력으로 국회와 지역을 오가며 성장해온 그에게 '젊은 베테랑'이라는 수식어는 결코 과하지 않을 것입니다.

제가 그를 4급 보좌관으로 발탁할 때, 주변의 우려가 적지 않았습니다. 하지만 그는 보란 듯이 훌륭하게 제 몫을 해내고 있습니다. 그는 선배든 후배든 상대를 가리지 않고 늘 배우려는 자세를 잃지 않습니다. 이 험난한 정치 현장에서 젊은 나이부터 묵묵히 버텨온 그만의 노하우일 것입니다.

이 책은 그의 직업적 소명을 넘어선 깊은 고찰을 담고 있습니다. 현장에서 느낀 생생한 소회와 그가 꾸준히 탐구해온 정치 이론을 씨실과 날실처럼 엮어, 복잡한 정치의 작동 원리를 누구나 이해하기 쉽게 풀어냅니다.

정치는 결국 문제를 해결하는 과정입니다. 이 책은 저의 든든한 동지인 유신욱 보좌관이 어떻게 문제의 본질을 파고들어 돌파구를 만들어내는지를 보여주는 생생한 증거입니다. 그의 묵묵하고도 단단한 걸음이 담긴 이 기록을 통해, 우리 정치 현장에서 새로운 길을 내는 더 많은 동지들을 만날 수 있기를 소망합니다.

2024년 12월 7일,
국회 로텐더홀에서 윤석열 대통령 탄핵소추안 표결을 기다리며

여는 글

정치의 문턱에서

"의원님, 현장으로 가보겠습니다."

2024년 12월 3일 밤, 그렇게 답을 한 후 집을 나섰다. 윤석열 대통령의 불법 비상계엄이 선포된 국회, 그곳 역시 나에게는 즉시 달려가야 할 '현장'이었다.

돌이켜보면 "현장으로 가보겠다"는 말은 지난 수년간의 내 보좌진 인생에서 가장 많이 사용한 표현인 것 같다. 처음 이 직업에 발을 들이게 된 계기도 치열한 지역의 정치 현장이었고, 크고 작은 문제를 풀어낸 곳도 언제나 현장이었다.

대선, 총선, 지방선거 등 수많은 선거를 치를 때도 마찬가지였다. 중앙 선거캠프에서 일하고 싶은 마음이 굴뚝같았지만, 그때마다 나의 종착지는 늘 지역구 선거가 한창인 현장이었다. 그렇게 현장에 설 때면, 나는 마치 '구원투수'가 된 듯한 묘한 사명감을 느끼곤 했다.

중앙정치의 한복판에 있다 보면, 때로는 현실 감각이 무뎌지고, 공연한 자신감에 들뜨기 쉽다. 하지만 국민의 삶이 생생하게 펼쳐지고 있는 현장에 발을 디딜 때면, 정치가 마땅히 있어야 할 자리가 그곳임을 깨닫는다. 그래서 현장은 늘 내게 겸손을 잃지 않게 만들어주는 스승이다.

그렇게 나는 국민과 정치 사이, 아슬아슬한 '정치의 문턱'에 있다. 이곳에서는 광장의 거친 언어가 어떻게 제도로 바뀌는지, 법령 속 딱딱한 문장이 한 사람의 삶으로 어떻게 이어지는지를 생생하게 볼 수 있다. 또 '국민의 세계'와 '정치의 세계'를 동시에 바라보며 둘 사이의 위태로운 균형을 지켜내는 법을 배운다. 이 모든 것이 '정치의 문턱' 위에서만 허락된 소중한 경험이다.

문은 양쪽의 세계를 가르는 선이자, 동시에 두 세계를 잇는 통로다. 어느 한쪽이 무너지면 반대쪽도 무너진다. 위태로운 균형을 지켜내는 것이 나에게 주어진 책무다. 그래서 보좌진이라는 자리에는 대가가 따른다. 국민과 정치인 사이의 거리가 멀어지지 않도록 모든 판단에 신중을 기하고, 나의 생각을 끊임없이 의심해야 한다. 둘 사이의 틈을 메우고 균형을 잡기 위해 늘 깨어 있어야 한다. 정치가 '그들만의 리그'가 아니라 '국민의 도구'가 될 수 있다는 믿음, 가능성과 현실 사이의 아득한 거리를 온몸으로 증명해야 하는 자리다.

이 책은 정치와 국민을 연결시키고자 쓴 기록이다. 정치에 대한 오랜 불신과 오해는 풀어내고, 민주주의에 대한 이해는 높이고 싶었다. 역동적인 정치 현장의 이야기를 통해 무뎌진 정치효능감을 되찾는 여정을 함께하고 싶었다.

민주주의라는 시스템은 평소에는 잘 보이지 않는다. 법과 제도는 때로 나와 상관없는 것처럼 느껴진다. 하지만 2024년 12월 3일의 밤처럼, 위기의 순간에는 나를 지키는 최후의 보루로 작동한다. 그뿐 아니라, 우리가 사는 동네에서 피부에 와닿는 모든 것이 실은 정치를 통해 작동한다.

이 책은 그 양면을 모두 들여다보는 여정이 될 것이다. 거대한 위기로부터 우리를 지키는 국가의 역할과 내 삶을 바꾸는 동네 정치의 쓸모를 함께 이해할 때, 우리는 비로소 정치에 대한 오랜 불신을 넘어설 수 있을 것이다.

여기서 한 걸음 더 나아가, 우리 사회가 가야 할 길을 제안하고자 한다. 민주주의가 공고화되면서, 이제 정치의 영역에는 더 많은 이해관계자가 등장하고 있다. 중앙정부의 일방적 통치(Government)를 넘어, 지방자치와 시민이 함께 문제를 푸는 거버넌스(Governance)의 시대가 온 것이다. 희망은 지역에 있다. 풀뿌리 민주주의의 완성이야말로 새로운 시대가 우리에게 던지는 과제다.

이제 정치가 어떻게 작동하는지, 이 유용한 도구를 어떻게 내 삶의 문제 해결을 위해 사용할 수 있는지 함께 들여다보고자 한다.

차례

추천의 글 5
여는 글 정치의 문턱에서 15

1부   정치, 불신의 벽을 넘어

1. 정치가 내 삶의 문제를 해결해줄 수 있을까? 26
정치에 대한 막연한 불신 | 야구, 정치를 만나다 |
국회의원과의 첫 만남

2. 포용적 시장경제를 이끄는 민주주의의 힘 34
민주주의, 비효율이라는 숙명 | 포용하는 국가, 착취하는
국가 | 최선이 모여 최악을 만들 때 | 애덤 스미스의
두 얼굴: 이기심과 도덕감정 | 민주주의와 시장경제의
기가 막힌 결합

3. 대한민국 국회 vs 스웨덴 국회 46
30년 전에 멈춰선 시계 | 북유럽의 '자전거 타는 의원'들이
가능한 이유 | 세비와 특권, 그 오해의 굴레 | 국회의원
정수 확대를 가로막는 포퓰리즘의 함정

2부 정책, 정치의 중심을 걷다

4. 민(民)과 관(官)을 잇는 정치　　　　　　　　　　　　60
정치인의 문법, 공무원의 문법 | 협력의 어려움, 그리고
가능성 | 안정성의 차이가 만드는 서로 다른 관점 |
두 세계를 잇는 직업, 국회의원 보좌진 | 보좌진의 딜레마

5. 규칙을 만드는 일의 엄중함　　　　　　　　　　　　73
세상의 속도를 따라가지 못하는 규칙들 | 증명서 한 장의
무게 | 해결되지 않은 과제들의 무덤 | 경쟁이 만든 협치:
오물풍선 피해 보상법 | 규정이 옳을 것이라는 착각 |
단숨에 팔릴 뻔한 검단의 심장 | 불가능을 협상하다 |
민주당이 그려낸 일산의 미래

6. 현실 왜곡에 맞서는 시민의 힘　　　　　　　　　　　99
본질을 가리는 창, 프레임 | 우리는 무엇을 소비하는가? |
앵무새의 경제학, '호텔경제학' 논란 | 퍼주기 공포증,
그리고 우리의 이중 잣대 | 자영업자라는 시한폭탄과
마중물의 경제학 | 부자에게는 투자, 서민에게는 낭비?

3부 그날의 위기를 만든 깊은 뿌리

7. 제도를 파괴한 제왕적 대통령의 등장　　122

정부의 두 가지 의미 | 국가권력이 나뉘다 | 반복되는 진단, '제왕적 대통령제'라는 신화 | 21세기에 나타난 제왕적 대통령 윤석열

8. 총구 앞에 선 12월 3일의 국회　　133

봄부터 시작된 비극의 전조 | 비상계엄, 선포에서 해제까지 | 무너진 행동하는 양심 | 마침내 탄핵안이 가결되다

9. 다시 만난 세계, 작동하는 헌법　　152

헌법이 작동하다 | 운명의 저울을 든 9인의 재판관 | 삐걱대는 헌법재판소 | '대통령 권한대행'의 시간 | '대통령 권한대행의 대행'의 시간 | 헌법재판소의 시간 | 헌법의 시간

4부 지역에서 정치의 희망을 찾다

10. 내 삶에 직접 닿는 지역정치　　170

일곱 장의 투표용지 | 지방정부와 지방자치단체 | 기울어진 운동장, 지방정부 | 광역의원과 기초의원의 공통점과 차이점 | 대학생들의 아이디어, 지역의 조례가 되기까지 | 창의적 행정의 모델, 이재명표 지방자치 | 지역이 바꾼 삶의 정책

11. 지방자치 무용론의 슬픈 기원 189

김대중의 단식, 그리고 30년의 실험 | 기대와 불신 사이:
주민 만족도라는 거울 | 권력은 어떻게 실패하는가:
단체장을 향한 비판 | 신뢰의 추락: 외면받는 지방의회 |
제도의 족쇄: '2할 자치'와 이름뿐인 자치권 | 훈련장이 아닌
민주주의의 완성

12. 거버먼트의 시대에서 거버넌스의 시대로 200

대표인가, 대리인가? | 국가와 지역, 다른 역할의 대표자 |
늘어나는 이해관계자: 거버넌스의 시험대 | 지방자치의
'극적인 계기', 거버넌스 | 성공하는 거버넌스를 위하여:
지방의원의 역할 | 2026년 지방선거를 바라보며

닫는 글   느린 소가 천 리를 간다 215
감사의 글   '경계(境界)'를 '경계(警戒)'하며 218
본문의 주 221

1부

정치,
불신의 벽을 넘어

정치는 우리에게 무엇으로 다가오는가? 뉴스가 전하는 정치는 온통 싸움과 비난뿐이고, '정치인들은 다 똑같다'는 냉소는 상식이 되었다. 그들만의 리그라는 불신의 벽은 견고해 보인다. 하지만 정말 그럴까? 만약 정치가 우리가 외면해야 할 대상이 아니라, 당면한 문제를 푸는 가장 현실적인 도구라면 어떨까? 이 도구를 제대로 사용하기 위해, 우리는 먼저 그 본질을 이해해야 한다.

"정치는 외면하는 대상이 아니라, 사용하는 도구다."

1
정치가 내 삶의 문제를 해결해줄 수 있을까?

정치에 대한 막연한 불신

여의도 밖에서 내 직업을 묻는 사람들에게 '국회의원 보좌관'이라고 대답하면, 분위기가 묘하게 바뀐다. 난데없이 정치할 거냐고 묻는다거나, 내가 정치인 같다고도 한다. 생소한 직업군이라서 그런지, 그들은 색안경을 끼고 보이지 않는 선을 긋는다. 정작 내가 무슨 일을 하는지 말하지도 않았는데 말이다.

이 일을 업으로 삼은 이후로, 나도 '정치'라는 단어를 듣거나 쓰는 것이 꽤나 버겁다. 이 두 글자의 단어가 우리 사회에서 얼마나 무겁고 부정적인 의미를 갖고 있는지 매일같이 실감하기 때문이다.

뉴스를 켜면 정치는 싸움으로 시작한다. 어제 한 말을 오늘

뒤집고, 해결해야 할 문제의 본질보다는 상대방 탓을 하는 데 열중하는 것처럼 보인다. 선거 때 간절하게 약속했던 민생 법안은 국회에서 잠만 자고, 그들은 다음 선거의 유불리만 따지고 있는 것만 같다.

많은 사람이 이런 풍경 앞에서 너무나 쉽게 지치고 만다. '정치인들은 다 똑같다'는 냉소와 '누가 되든 내 삶은 바뀌지 않는다'는 무력감이 전염병처럼 퍼진다. 정치가 삶의 문제를 풀기 위한 도구가 아니라, 그들만의 이익을 위한 이전투구로 보인다. 실망과 분노가 쌓여, 결국 정치 자체에 대한 불신과 혐오가 된다.

"정치가 밥 먹여주는가?"라는 익숙한 질문은 이미 답을 담고 있다. '정치는 원래 그런 것'이라는 체념과 '나와는 상관없는 일'이라는 단절이 질문 속에 스며 있기 때문이다. 사실 10여 년 전 나 역시 그랬다.

야구, 정치를 만나다

2006년 3월, 첫 번째 월드베이스볼클래식(WBC)이 개최되면서 대한민국은 기대감과 흥분에 들끓고 있었다. 박찬호, 이승엽 같은 전설적인 선수들이 그라운드에 태극마크를 달고 서는 모습에 온 국민이 열광했다. 그 열기는 2008년 베이징 올림픽 전승 우승으로 이어졌다. 운동이라면 축구밖에 모르던 나도 WBC 대회를 계기로 야구라는 스포츠가 가진 치밀한 전략과 뜨거운 열정에 매료되었다.

그런데 당시 청소년들은 마음 놓고 야구를 할 만한 곳이 없었다. 단단한 야구공은 늘 기물 파손과 안전사고의 위험을 안고 있었고, 학교에서는 야구를 창문이나 깨는 골칫거리로 취급했다. 축구는 어느 학교 운동장에서나 할 수 있었지만, 야구는 그럴 수 없었다. 프로선수를 지망하는 게 아니라면, 마음 놓고 공을 던질 수 있는 그물망 하나 없는 현실이었다.

내가 살던 고양시 일산 지역에도 이 같은 현실에 답답함을 호소하는 또래 친구들이 많았다. 당시 제대로 된 환경에서 야구를 해보자는 단순한 열정 하나로 그들과 힘을 모아 '고양시 청소년야구협회'라는 단체를 만들었다. 서툰 솜씨로 회칙을 만들고 참가팀도 모집했지만, 거창한 이름과는 달리 실상은 야구를 좋아하는 학생들의 모임에 불과했다.

협회는 열정만으로 운영할 수 있는 것이 아니었다. 참가비를 걷어 대회를 열었음에도 매번 경기장 대여료와 장비 구매 비용을 충당하고 나면 남는 것이 없었다. 온라인 카페 배너 광고를 통한 수익사업으로 일부 대회비용을 메꿨지만, 만성적인 자금 부족에 시달렸다. 야구에 대한 열정을 가진 친구들이 함께하며 단체는 꾸준히 성장했지만, 재정적 한계라는 현실의 벽은 학생들이 감당하기에 너무나도 높았다.

결국 2014년 문제가 터졌다. 그간 유일한 자금줄이었던 온라인 광고 수익이 중단된 것이다. 언제나 그랬듯 참가비만으로 대회를 열기에는 역부족이었다. 당시 대학생이 된 나는 협회 운영진 친구들과 수차례 회의를 진행했다. 논의는 돌고 돌아 안정적인 후원처를 찾아야 한다는 당연한 결론에 이르렀다. 그러나 뾰족한 대안은 없었다. 그도 그럴 것이, 어려운 이웃도 아니고, 지역 청소년들이 취미로 야구하는데, 아무 조건 없이 돈을 대줄 만한 사람이나 기업이 있다면 그것이 더 이상하지 않은가.

그때, 누군가 불쑥 농담처럼 말을 던졌다. "우리 아빠 김현미 알아!" 당시 김현미 의원은 고양시 일산서구 국회의원이었다. 뜬금없는 말에 모두가 침묵했다. 당시만 해도 높게만 보이던 국회의원인데, 그런 사람이 표도 얼마 안 되는 청소년들의 목소리를 들어줄 것이라고는 누구도 생각지 않았기 때문이다. 하지만 '밑져야 본전'이라는 생각, 그리고 더 이상 물러설 곳이 없다는 절박함에 김현미 의원을 찾아가 보기로 했다. 지역의 족구 클럽에서 활동하며, 지역구 국회의원과 친분을 쌓으신 친구 아버지가 의원실에 연락을 해주었고, 며칠 지나지 않아 면담할 수 있게 되었다.

솔직히 말하면 당시 나는 국회의원마다 지역구가 있다는

사실도, 그들이 지역사무실을 운영한다는 것도 몰랐다. 국회의원과 도의원, 시의원, 구의원 등 지방의원과 구분조차 하지 못했던 시절이었다. 정치인과의 만남이라는 것은 완전한 미지의 영역이었다. 정치인에 대한 상상은 뻔했다. TV 속에서나 보던 권위적인 모습, 형식적인 답변, 어쩌면 문전박대까지. 내가 가졌던 선입견은 나에게 정치의 쓸모를 묻는 보통의 사람들과 다를 바 없는 수준이었다.

국회의원과의 첫 만남

일산 주엽동에 위치한 지역사무실의 문을 열었을 때, 김현미 의원이 말했다. "청소년 단체 운영하는 사람들이라고 하길래 어른들인 줄 알았더니 진짜 청소년이네요?" 김현미 의원은 딱딱한 정치인이 아니라, 여느 동네 어른의 모습으로 우리를 맞았고, 서툴게 준비한 프레젠테이션을 단 한 번도 끊지 않고 끝까지 경청했다.

지금 와서 알게 된 사실이지만, 국회의원들은 대한민국에서 가장 높은 수준의 보고를 받는 사람들이다. 정부 부처의 고위 공무원들, 대기업 임원들, 각 분야 전문가들이 치밀하게 준비한 자료로 브리핑을 받는 것이 그들의 일상이다.

최근 이재명 대통령이 주재하는 국무회의 생중계가 넷플릭

스보다 재밌다는 평을 받는 것도 같은 맥락이다. 국무위원들이야말로 보고와 토론에 가장 능숙한 이들이기 때문인데, 국회의원 역시 그에 준하는 수준의 보고를 받는다. 그런 그가 지역구에서, 그것도 학생들의 서툰 발표를 30분 가까이 경청한다는 것이 얼마나 이례적인 일인지 당시에는 미처 알지 못했다.

프레젠테이션이 끝난 후 김현미 의원은 그간 청소년들의 힘으로 단체를 운영해왔다는 사실을 대견해 했다. 그리고 방법을 함께 찾아보자고 했다. 또 당시 만남이 인상 깊었는지, 한 언론사에 〈아이들이 행복한 시대〉라는 제목의 칼럼을 썼다.

> 지난주 조금은 별난 청소년들을 만났다. 입시준비 체육이 아니면 생활스포츠는 엄두도 못 내는 것이 우리의 현실인데 지역에서 무려 6년 동안이나 자신들의 힘으로 청소년 야구대회를 벌여온 학생들이었다. 각기 10여 개의 야구클럽에서 운동하면서 매년 두 차례씩 정기대회를 해오고 있었다. 공부는 언제 하느냐는 어른들의 걱정을 다독이기라도 하듯 공부도 잘했고 무엇보다 건강했다.[1]

김현미 의원은 어떤 어려움이 있는지, 그래서 무엇이 필요한지를 구체적으로 물었다. 그리고 문제를 해결하기 위한 방법을 적극적으로 모색했다. 선거법상 금전 지원은 어려운 상황인 점을 고려하여, 준비하고 있던 대회를 '김현미 국회의원배 청소년 야구대회'로 열기로 하고, 대회의 공신력을 높이는 방향으로 대안을 만들었다. 김현미 의원의 도움 덕분에 그해 대회를 성공적으로 열 수 있었다.

국회의원을 만나기 전, 청소년들을 아낀다는 동네 어른들부터 기업인, 공무원들까지 수많은 사람을 만났다. 많은 어른은 "학생들이 좋은 일 하는데 어른으로서 반드시 도와야 한다"며, 적극적인 지원을 약속해놓고 정작 도움이 필요할 때는 연락을 끊었다. 공무원들은 대부분 규정, 예산, 선례 탓을 하며 거절했다. 당시에는 서운했던 것이 사실이지만, 국회의원 보좌관으로 일하고 있는 지금 돌이켜보면, 그들 입장에서는 타당한 반응이었다.

하지만 정치인의 접근은 달랐다. 문제의 본질을 파악하고, 기존 제도의 한계를 인정하면서도, 그 틀 안에서 가능한 대안을 찾으려 노력했다. 무엇보다 다짜고짜 찾아온 학생들을 진심으로, 정성껏, 따뜻하게 맞이해준 사람은 김현미 국회의원이라는 정치인이 유일했다.

다시 처음의 질문으로 돌아가자. 정치가 내 삶의 문제를 해결해줄 수 있을까? 단언컨대 그럴 수 있다. 정치에 대한 불신과 무관심, 혐오가 사회 전반을 지배하지 않는다면 말이다.

10여 년 전 내 경험은 여전히 유효하다. 정치는 우리 삶의 도구로 작동하고 있고, 앞으로도 그럴 것이다. '원래 그런 것'이라는 막연한 인식 속에 가둬두고, 이 유용한 도구를 외면한다면, 그 손해는 결국 우리에게 돌아올 것이다.

2
포용적 시장경제를 이끄는 민주주의의 힘

민주주의, 비효율이라는 숙명

2차 대전 당시 파시즘에 맞서 민주주의를 수호한 영국 총리 윈스턴 처칠은 "민주주의는 최악의 정치 형태"라고 했다. 그리고 "지금까지 시도된 다른 모든 형태를 제외하고는"이라는 단서를 붙였다. 이는 민주주의의 한계를 솔직하게 인정하는 동시에 다른 정치체제가 가진 심각한 결함을 지적하는 냉정한 통찰로 볼 수 있다.

결론부터 말하자면, 민주주의는 효율성의 측면에서 형편없는 제도다. 실제로 일상에서 민주주의가 작동하는 모습을 보면 답답함을 느낄 때가 많다. 동네에 횡단보도 하나를 설치하는 데에도 주민 의견 수렴, 교통 영향 평가, 의회 심의 등 수개월이 걸리는 복잡한 절차를 거쳐야 한다. 권위주의 독재체제라면 한 사람의 결정으로 하루 만에 해결될 일이다.

실제로 우리는 그 대표적인 사례를 코로나19 팬데믹 때 목격했다. 2020년 1월, 유례없는 감염병이 전 세계로 확산되자, 각국은 서로 다른 방식으로 대응했다. 중국의 대응은 압도적이었다. 1월 23일 코로나19가 발병된 도시 봉쇄를 결정한 지 불과 10일 만인 2월 2일, 1,000병상 규모의 화선산 병원이 완공됐다.[2] 이어 2월 8일에는 1,600병상의 레이선산 병원도 문을 열었고, 대학 캠퍼스까지 야전병원으로 개조해 5,400개의 병상을 갖췄다.[3] 1,100만 명이 거주하는 거대 도시 우한을 하루아침에 완전 봉쇄했고, 후베이성 전체 5,900만 명의 이동을 금지했다.

이후에도 중국의 봉쇄는 계속됐다. 2021년 12월에는 1,300만 명의 시안이 봉쇄됐고,[4] 2022년 3월부터 6월까지는 경제수도 상하이가 두 달 넘게 봉쇄됐다.[5] 선전,[6] 청두[7] 등 주요 도시들도 차례로 봉쇄 조치를 당했다. 시진핑 주석의 지시 한 마디에 정부 선제가 하니의 거대한 기계처럼 움직였다. 감염 확산 차단 효과는 확실했다.

하지만 그 이면에는 사회주의의 민낯이 적나라하게 드러났다. 당시 중국에서부터 퍼진 SNS 영상들을 보면, 봉쇄에 불만을 토로하는 시민들의 모습이 생생했다. 아파트 발코니에서 봉쇄를 풀어달라며 절규하는 목소리, 생필품이 떨어져 항의하다 공안에 끌려가는 장면 등 고통받는 사람들의 모습이 전 세계로 퍼졌다.

특히 2022년 상하이 봉쇄 때는 음식 부족으로 굶주리는 시민들,[8] 반강제로 격리시설에 끌려가 제대로 된 보살핌도 받지 못하는 아이들의 영상이 충격을 줬다.[9] 개인의 자유보다 집단의 안전이 절대적으로 우선시되는 사회주의 체제의 특징이 극명하게 드러난 것이다.

전 세계가 코로나19로 혼란에 빠진 팬데믹 초기, 유일하게 감염자가 한 건도 발생하지 않은 국가도 있었다. 바로 북한이다. 북한은 중국과 국경을 맞대고 있으면서도 2020년 2월부터 2년 3개월간 공식 감염자 발생을 단 한 건도 인정하지 않았다. 이후 2022년 5월 갑작스레 감염자 발생을 인정했지만, 그마저도 3개월 만에 코로나19 사태가 완전히 종식되었다고 주장했다.

북한이 가진 김정은 독재체제는 정보 자체를 조작함으로써 시민들의 판단 근거를 원천 차단했다. 김정은의 한마디면 모든 정보가 사라지고, 모든 통계가 바뀌고, 모든 현실이 다시 쓰인다. 이것이 독재의 취약성이다. 진실을 은폐할 수 있는 권력은 자유를 억제하고, 사회를 한 사람의 전유물로 만든다.

중국의 사회주의는 자유를 완전히 무시한 채 집단의 목표만을 추구했고, 북한의 독재는 진실을 조작했다. 이런 극단은 팬데믹의 효과적 대응이라는 측면에서 단기적으로는 최선으로 보일 수 있지만, 장기적으로는 인권을 훼손하고, 자유를 억제하는 등 돌이킬 수 없는 최악의 결과를 낳을 수 있다.

반면 우리나라는 대구·경북 지역 집단감염 상황에도 강력한 봉쇄 대신 '사회적 거리두기'라는 절충적 대안을 택했다. 집회 금지라는 하나의 조치를 두고도 몇 달간 사회적 논쟁이 이어졌고, 법원의 판단까지 기다려야 했다. 헌법이 보장하는 기본권, 사법부의 독립성, 언론의 자유, 시민사회의 견제 기능이 작동한 결과였다. 이 모든 과정이 답답하고 비효율적으로 느껴질 수 있지만, 그것이야말로 중국과 북한처럼 극단의 사태를 사전에 차단해주는 방어막이었다. 이처럼 때로는 답답하고 비효율적으로 보이는 과정 그 자체가 실은 더 성숙한 정치체제가 작동하는 방식이다.

이를 두고 우리 사회의 반응은 어땠을까? 일각에서는 중국과 북한의 권위주의적 통제를 비판했지만, 다른 한편으로는 감염 확산기마다 정부의 수세적 대응을 비판하며 더 강력한 조치를 요구하기도 했다.

우리는 민주주의의 가치를 높게 평가하지만, 현실에서는 민주주의가 요구하는 비용과 불편을 감내하려 하지 않는다. 민주주의의 우월성을 강조하면서도 독재의 효율성을 은밀하게 갈망하는 이중적 태도는 결국 민주주의에 대한 잘못된 기대에서 출발하여, 민주주의에 대한 지속적인 실망과 불신을 키워가는 악순환을 초래한다.

민주주의를 이해하는 것은 비효율성의 불가피성을 인정하는 데서 출발한다. 최선보다는 차선을, 완벽보다는 타협을 받아들일 수 없다면, 우리는 애초에 민주주의를 선택하지 말았어야 했다.

포용하는 국가, 착취하는 국가

2024년 노벨경제학상 수상자로 선정된 경제학자 대런 애쓰모글루와 제임스 A. 로빈슨은 그들의 저서 《국가는 왜 실패하는가》(2012)에서 제도의 차이가 국가의 장기적인 운명을 어떻게 결정하는지에 대한 명쾌한 답을 제시한다.[10]

이들은 세상의 모든 제도를 '포용적(inclusive) 제도'와 '착취적(extractive) 제도'로 나눈다. 포용적 제도는 사유재산권을 보장하고 공정한 경쟁을 장려하면서, 많은 사람에게 경제적 기회를 열어주는 시스템이다. 반면 착취적 제도는 소수의 지배 엘리트가 다수로부터 부와 자원을 빼앗고, 경제활동의 동기를 꺾어버리는 시스템이다.

중요한 것은 경제제도와 정치제도가 강력하게 맞물려 돌아

간다는 점이다. 다원성을 존중하는 포용적 정치제도는 포용적 경제제도를 낳고, 이 둘은 시너지를 내며 국가를 번영하게 만든다. 반대로 소수에게 권력이 집중된 착취적 정치제도는 착취적 경제제도를 통해 소수 엘리트의 배만 불리며, 결국 악순환의 고리를 만들어 국가를 실패로 이끈다.

저자들은 한반도를 이 이론을 입증하는 가장 완벽한 실험장으로 지목한다. 남한과 북한은 지리, 문화, 인종 등 모든 조건이 동일했지만, 제도의 차이 하나만으로 한쪽은 세계적 수준의 선진국으로, 다른 한쪽은 최악의 빈곤국으로 나뉘었다. 남한이 불완전하게나마 포용적 제도를 향해 나아간 반면, 북한은 역사상 가장 극단적인 착취적 제도를 구축했기 때문이다.

결국 우리가 민주주의의 '비효율성'이라고 부르는 것들은 사실 포용적 제도가 작동하기 위한 필수 조건인 셈이다. 다양한 의견을 수렴하고, 권력을 견제하며, 때로는 더디게 나아가는 과정이야말로 소수 엘리트의 독주를 막고 사회 전체가 성장의 과실을 나누게 하는 힘이다. 이는 민주주의가 왜 차선과 비효율을 강조하는 제도인지 명확히 보여준다.

최선이 모여 최악을 만들 때

몇 년 전 큰 인기를 끌었던 TV 프로그램 SBS 〈골목식당〉에서도 민주주의의 미학을 살펴볼 수 있다. 백종원 대표가 대전 청년몰에 컨설팅을 진행한 후 10개월 만에 다시 현장을 방문했을 때의 일이다.

백종원 대표는 솔루션 이후 가게 청년 상인들이 자신들의 이익 극대화에 매몰되어 있다는 점을 문제 삼았다. 덮밥집은 연어 덮밥 재료가 남았다는 이유로 '연어 카레'라는 메뉴를 새롭게 출시했고, 알탕집은 주력 메뉴보다 1만 3,000원짜리 물회에 더 신경 쓰고 있었다. 게다가 치킨집은 떡볶이까지 팔고 있었다.

청년몰은 정부와 지자체가 청년들의 창업을 지원하는 시스템으로, 한 달 임대료가 15만 원에 불과해 일반 상권의 10분의 1 수준이었다. 그러나 청년몰 상인들은 당초 취지와는 맞지 않게 임대료에 비해 높은 가격과 메뉴 다양화를 통해 매출을 독식하겠다는 심산을 갖고 있었다.

백종원 대표는 상인들을 한자리에 모아놓고 상생의 필요성을 강조했다. 청년몰은 다양한 메뉴를 저렴하게 맛볼 수 있다는 것이 장점인데, 한 가게에서 모든 것을 해결하려 하면 그 장점이 사라진다고 지적했다. 그러고는 각 가게가 서로의 '미끼'가 되어야 한다고 주장했다. 손님들이 여러 가게를 돌며 막걸리 한 잔에 치킨 두 조각, 알탕 하나씩을 먹을 수 있도록 해야 청년몰 전체가 살아난다는 논리였다.

상인의 입장에서 '최선'은 자신의 가게의 매출을 극대화할 수 있도록 다양한 메뉴를 갖추고 가격을 올리는 것이다. 하지만 모든 가게가 최선을 추구하는 순간, '다양한 메뉴를 저렴하게 즐긴다'는 청년몰 전체의 정체성, 즉 '공동체의 최선'은 사라지고 만다. 결국 특색 없는 가게들만 남아 공멸하는 최악의 상황을 맞게 되는 것이다. 백종원 대표가 제안한 해법은 각자가 자신의 '최선'을 조금씩 양보하고 '차선'을 택하자는 것이었다.

  개인이 최선(효율)만을 생각할 때 공동체는 무너지고, 차선(비효율)을 택했을 때 적어도 공동체를 유지할 수 있다는 민주주의의 교훈은 자본주의 시장경제라는 경제체제에서도 유사하게 작동한다.

애덤 스미스의 두 얼굴: 이기심과 도덕감정

경제학의 아버지 애덤 스미스는 《국부론》에서 개인의 '이기심'이 사회 전체의 이익을 증진시키는 원동력이라고 주장했다. 개인의 이기심이 노동분업을 촉진하고, 이를 통한 생산성 확대가 국가의 부로 이어진다는 논리다. 즉, 각 국가를 부유하게 만드는 원동력은 각 경제주체의 자비심이 아니라, 자신의 이익을 추구하는 이기심이고, 개인의 행동이 마치 '보이지 않는 손'에 이끌려 사회 전체적으로는 효율적인 자원 배분과 생산 증대를 가져온다는 것이다. 이렇듯 애덤 스미스의 이론은 이기심과 시장의 자유만 강조한 반쪽짜리로 우리나라에 소개되는 일이 흔하다.

그러나 이는 국부론의 '보이지 않는 손'이라는 개념이 와전되어온, 명백한 오해다. 20세기 대공황을 통해 시장 실패의 현실을 목격하고, 정부 개입의 필요성을 강조했던 경제학자 케인스는 '보이지 않는 손'이 마치 모든 것을 해결해주는 것처럼 단순화하여 선전하는 것을 두고 '세속적 정치가들과 조야한 경제학자들의 혹세무민'이라고 비판했다.

실제로 애덤 스미스가 《국부론》(1776)보다 먼저 쓴 《도덕감정론》(1759)을 보면 전혀 다른 관점을 발견할 수 있다. 그는 건강한 사회가 유지되기 위해서는 타인의 처지를 상상하고 공감하는 능력, 즉 도덕감정에 기반한 자기 절제가 필요하다고 봤다. 따라서 애덤 스미스의 사상은 이 두 책을 종합해야만 비로소 완성된다. 그는 시장에서의 자유로운 경쟁이 사회 전체의 부를 증가시킨다는 점을 분명히 했지만, 동시에 그 시장이 건강하게 작동하기 위한 핵심 전제를 잊지 않았다. 참여자들이 무한한 탐욕이 아닌, 타인에 대한 공감과 배려를 바탕으로 스스로의 이기심을 절제해야 한다는 것이다.[11] 그는 이기심에 도덕적 면죄부를 준 것이 아니다.

민주주의와 시장경제의 기가 막힌 결합

민주주의와 시장경제의 섬세한 균형은 현실에서도 잘 작동한다. 2022년 정용진 신세계그룹 부회장은 자신의 SNS에 숙취해소제 사진과 함께 "#멸공"이라는 해시태그를 올렸다. 당시 SNS 플랫폼은 해당 게시물이 "신체적 폭력 및 선동에 관한 커뮤니티 가이드라인 위반"이라며 이를 삭제했다.

정 부회장은 플랫폼의 조치에 강하게 반발하며 "#이것도지워라", "#노빠꾸" 등의 해시태그와 함께 '멸공' 관련 게시물을 연이어 올리기 시작했다. 심지어 중국 외교부가 우리 정부를 노골적으로 하대한다는 내용의 기사를 발췌해 올리면서, 또다시 '멸공'이라는 해시태그를 달았다. 그가 발췌한 사진에는 중국 시진핑 국가주석의 사진이 담겨 있었다.

정 부회장의 게시물은 예상치 못한 결과를 낳았다. '멸공'이라는 단어가 거대한 시장인 중국을 자극할 수 있다는 우려가 제기된 것이다. 이는 신세계그룹의 사업 리스크로 직결되었다. 정 부회장은 자신이 비판한 대상이 중국이 아니라 북한이라고 해명했지만, 이미 논란이 된 뒤였다.

정 부회장의 SNS 논란으로 '오너 리스크'가 부각되자 신세계그룹의 주가는 급락했고, 하루 만에 시가총액 약 2,400억 원이 증발했다. 주주, 직원, 심지어 노동조합까지 나서서 그의 부주의한 발언이 공동체 전체에 피해를 주고 있다고 비판했다. 결국 정 부회장은 "저의 자유로 상처받은 분이 있다면 전적으로 저의 부족함"이라며 공식으로 사과했다.

그가 자유롭게 자신의 신념을 표현한 행위(개인의 최선)가 시장 참여자들의 경제적 판단과 만나, 결국 스스로 자신의 행동을 절제(차선의 선택)하도록 압박한 것이다. 그의 입을 막은 것은 정부나 법원이 아닌 '시장'이었다. 이것이 바로 민주주의와 시장경제가 결합하여 만들어내는 정교한 자기 절제 메커니즘이다.

민주주의와 시장경제가 결합한 체제 속에서, 우리는 자유롭지만 결코 마음대로만 할 수는 없다. 어떤 법률이나 강제 조항 없이도, 사회 구성원들의 자율적인 판단과 상호작용이 개인의 일탈을 견제하고 사회 전체의 균형을 찾아가는 과정. 그것이야말로 우리 사회가 최악의 상황을 막고, 깨지기 쉬운 균형을 유지해온 방식, 즉 '차선의 미학'인 것이다.

이런 이해 없이 정치에 접근하면, 우리는 계속 불만만 쏟아낼 뿐이다. 하지만 이 시스템의 작동 원리를 알면, 비로소 정치를 제대로 활용할 수 있게 된다. 1장에서 말했듯이, 알아야 이용할 수 있다. 특히 민주주의나 시장경제나 극단으로 나아가면 안 된다는 사실을 기억해둬야 한다.

개인의 탐욕을 제어하고 사회 공동선을 추구하는 것을 단순히 '사회주의'라고 부르는 것은 곤란하다. 현대의 성공한 민주주의 국가 대부분은 자유로운 시장이라는 엔진을 멈추지 않으면서도, 그 안에서 불평등을 완화하고 사회적 약자를 보호하는 '복지국가'의 길을 함께 걷고 있기 때문이다. 즉, 민주주의와 복지는 시장경제를 부정하는 것이 아니라, 오히려 그것을 지속 가능하게 만드는 지혜인 셈이다.

3

대한민국 국회 vs 스웨덴 국회

30년 전에 멈춰선 시계

'국회의원.'

보좌진으로 일하며 가장 많이 들었던 이 네 글자에는 늘 비판이 뒤따른다. 국회의원 하면 떠오르는 이미지는 명확하다. 멱살잡이와 고성으로 얼룩진 본회의장, 꾸벅꾸벅 조는 의원들. "일은 안 하고 싸움만 한다", "세금만 축내고 특권만 누린다"는 비판이 일상이 되었다.

그래서일까. 정치 혐오가 극에 달할 때마다 어김없이 등장하는 해결책이 있다. 바로 국회의원 수를 줄이자는 주장이다. 지금 있는 300명도 제대로 일을 하지 않는데, 수를 줄여서 세금이라도 아껴야 한다는 목소리는 늘 큰 호응을 얻는다. 언뜻

들으면 가장 확실하고 속 시원한 해법처럼 보인다. 하지만 이 익숙한 주장 뒤에 숨은 진실을 들여다보면, 문제는 그리 간단하지 않다. 과연 국회의원 수를 줄이는 것이 우리 사회를 더 나은 방향으로 이끌까?

대한민국 헌법 제41조 제2항은 국회의원의 수를 '법률로 정하되, 200인 이상으로 한다'고 규정한다. 헌법은 사회의 변화에 따라 민의를 대변하는 국회의 규모를 유연하게 조정할 수 있도록 가능성을 열어두고 있는 셈이다.

그러나 현실은 헌법의 취지를 외면하고 있는 것 같다. 1988년 민주화 이후, 국회의원 정수는 사실상 300명이라는 숫자에 묶여 신성불가침의 영역처럼 고정되어버렸다.* 36년이라는 시간 동안 한국 사회는 인구구조부터 경제 규모, 사회의 복잡성에 이르기까지 근본적으로 변화했다. 하지만 우리 사회에 벌어진 다양한 변화를 담아내야 할 대의민주주의의 그릇은 민주화 이후 그 자리에 머물러 있다.

실제로 1988년 약 14만 명이던 국회의원 1인당 담당 평균 인구는 2024년 기준 17만 명을 훌쩍 넘겼다. 이런 상황에서 과연 한 명의 국회의원이 국민의 목소리를 제대로 대변할 수

---

* 2012년 세종특별자치시가 출범하면서, 단 1석이 추가되어 299명에서 300명이 되었다.

있을까? 재개발 갈등부터 교육정책, 환경문제, 일자리까지 17만 명의 삶이 만들어내는 문제는 한 사람이 감당하기에 너무나 방대하다. 대의민주주의의 기본 전제인 '대표성'이 구조적으로 약화되고 있는 것이다.

특히 국회의원들이 지역구 민원 처리와 행사 참석에 대부분의 시간을 쏟다 보면, 정작 중요한 입법활동과 정책 연구에 집중할 여력이 없어진다. 한 의원실에서 1년에 발의하는 법안이 평균 20건 정도인데, 그중에서 실제로 통과되는 것은 2~3건에 불과한 이유다.[12]

북유럽의 '자전거 타는 의원'들이 가능한 이유

이러한 우리나라 국회의 구조적 한계는 해외 사례와 비교했을 때 더욱 선명하게 드러난다. 수년 전 KBS에서 스웨덴 국회와 우리 국회를 비교한 다큐멘터리를 방영한 적이 있다. 별다른 의전 없이 자전거를 타고 출근하는 스웨덴 의원들의 모습은 대형 세단을 이용하는 우리와는 너무나도 달랐다. 하지만 이러한 차이를 단순히 문화적 소박함이나 개인의 윤리 문제로만 해석해서는 곤란하다. 그들의 정치가 놓인 근본적인 구조가 우리와 다르기 때문이다.

이를 가장 극명하게 보여주는 것이 앞서 언급한 국회의원

1명이 짊어진 무게다. 대한민국 국회의원 한 명은 평균 17만 2,000명의 시민을 대표하는데,* 대표적인 복지국가로 손꼽는 북유럽과 비교하면 격차는 더욱 두드러진다. 스웨덴은 국회의원 1인당 약 3만 명, 한국의 5분의 1 수준이다. 핀란드는 2만 7,000명, 노르웨이는 3만 2,000명이다. 인구가 적은 북유럽 국가만의 이야기도 아니다. 독일, 영국, 프랑스 등 우리나라보다 인구가 많은 국가들도 국회의원 1인당 약 10만 명을 담당한다. OECD 평균은 국회의원 1인당 10만 5,000명인데, 우리나라의 국회의원이 민의(民意)를 대표하는 수준은 OECD 36개국 중 33위로 사실상 최하위권에 머무르고 있다.[13]

국회의원 한 명이 책임져야 할 유권자 수가 많다는 것은 단순히 업무량이 많다는 의미를 넘어 의정활동의 질을 근본적으로 바꾼다. 수십만 명의 민원과 지역구 행사를 챙겨야 하는 한국 국회의원과 달리, 이들은 지역구 관리에 대한 과도한 부담에서 벗어나 정책 연구와 입법활동이라는 본연의 역할에 더 많은 시간과 에너지를 쏟을 수 있다.

환경과 여건의 차이도 있다. 자전거가 현실적인 교통수단이 되려면 그에 맞는 환경이 전제되어야 한다. 스웨덴은 수도 스톡홀름의 도시 규모가 비교적 작고, 자전거에 친화적인 문

---

* 비례대표 포함 산출.

화와 인프라가 세계 최고 수준이다. 의원들의 주된 활동 무대가 의사당과 정부 부처가 모여 있는 특정 구역에 집중된 만큼, 자전거는 매우 효율적이고 실용적인 선택이 된다.

이는 유럽 의원들과 비슷한 환경에 놓인 우리나라 지방의원들의 모습에서도 쉽게 확인할 수 있다. 서울시의원은 약 8만 5,000명, 서울시 구의원은 약 3만 명을 대표한다.[14] 이들은 스웨덴 국회의원과 대표 인구 규모가 비슷하고, 주된 활동 무대인 서울은 스톡홀름처럼 촘촘한 도시교통망 여건을 가지고 있다. 이들이 자전거나 대중교통을 이용하는 모습을 흔히 볼 수 있는 것은 감당 가능한 인구와 도시의 환경이라는 조건이 맞아떨어지기 때문이다.

마지막으로, 소박한 정치가 가능한 근본적인 토양은 정치 구조에 있다. 스웨덴은 다당제 기반의 의원내각제 국가다. 의원내각제에서는 권력이 총리 한 명에게 집중되기보다 여러 정당 간의 연정과 타협을 통해 분산된다. 이때 정치는 끊임없이 대화하고 토론하는 숙의(熟議)의 과정이 된다.

이러한 시스템 속에서 의원들은 정당의 일원이자 정책 전문가로서의 역할에 집중한다. 불필요한 의전이나 권위적인 모습은 숙의의 과정에 도움이 되지 않는다. 자전거를 타는 소박한 모습은 바로 이러한 실용적이고 수평적인 정치 문화가 낳은 자연스러운 산물이다.

결국 스웨덴 의원의 자전거와 한국 의원의 세단은 개인의 성품이나 윤리의식을 보여주는 상징이 아니라, 각 사회가 처한 구조적 조건의 결과물이다. 두 모습을 표면적으로 비교하며 어느 한쪽을 일방적으로 비난하는 것은 문제의 본질을 놓치는 손쉬운 비판에 머무를 뿐이다.

세비와 특권, 그 오해의 굴레

"국회의원 세비를 반으로 깎아야 한다", "무보수 명예직으로 전환해야 한다"라는 주장을 들을 때마다 씁쓸함을 느낀다. 정치권에 대한 국민의 분노는 이해하지만, 이런 접근이 가져올 결과는 그리 단순하지 않기 때문이다.

21대 국회에서 이용우 의원의 비서관으로 근무할 때의 일이다. 지역구 청소년 간담회에서 한 학생이 물었다. "국회의원 연봉이 얼마나 되나요?" 이용우 의원은 국회의원이 되기 전 카카오뱅크 사장을 역임한 금융 전문가로, 우리나라 최대 증권사인 한국투자증권의 임원으로 십수 년을 근무했다. 참고로 금융업은 다른 업종보다 급여 수준이 높은 것으로 알려져 있다.

학생의 질문에 이 의원은 "제가 회사 다닐 때 냈던 소득세만큼 받습니다"라고 답했다. 민간 기업에서 받던 연봉에 비하면, 국회의원 세비는 그가 내던 세금 수준에 불과했던 것이다.

국회의원 연봉은 2024년 기준 약 1억 5,000만 원이다. 2024년에 추산된 우리나라 직장인 평균 연봉 약 4,300만 원에 비해 적지 않은 금액이지만,[15] 국회의원의 평균 연령이 대체로 높고, 이들 또래가 한 회사에서 오랜 기간 근속해서 임원이 되었거나 전문직 종사자들인 경우가 많다는 것을 고려할 필요가 있다.

만약 이를 대폭 삭감하거나 무보수로 전환한다면 어떤 일이 벌어질까? 먼저 경제적 여유가 없는 사람들은 정치에 참여할 수 없게 된다. 결국 자산가나 특정 직업군만이 국회에 진출할 수 있는 구조가 만들어진다. 이는 대의민주주의의 기본 원칙인 '누구나 대표가 될 수 있다'는 이념을 정면으로 부정하는 것이다. 가난한 사람은 돈이 없어 정치를 하지 못하게 된다.

더 심각한 문제는 정작 실력 있는 인재들이 정치를 기피하게 된다는 점이다. 민간 부문에서 연봉 수억을 받는 전문가가 왜 욕만 먹고 상대적으로 적은 보수를 받는 국회의원을 하겠는가? 실제로 대기업 임원이나 스타트업 CEO, 금융 전문가 중에서 정치 참여를 권유받고도 거절하는 경우를 많이 보았다. "왜 굳이 욕먹으면서 연봉까지 깎아가며 정치를 하냐"는 것이 이들의 공통된 반응이었다. 일반적인 상식에서 받아들이긴 어렵겠지만, 국회의원 세비를 줄일수록 유능한 인재들이 정치를 외면한다는 사실은 부정할 수 없는 현실이다.

특권 논란도 마찬가지다. 불체포특권, 면책특권 등이 비판받지만, 이는 국회의원 개인을 위한 것이 아니라 국회의 독립성을 보장하기 위한 제도적 장치다. 권위주의 시절 야당 국회의원들이 무더기로 구속되어 표결조차 제대로 할 수 없었던 역사를 기억해야 한다. 만약 불체포특권이 없었더라면, 윤석열 대통령의 2024년 12·3 비상계엄은 애초에 선포조차 필요치 않았을 것이다. 대통령이 수족처럼 부리던 검찰이 이미 국회의원을 모두 체포했을 테니 말이다.

국회의원 정수 확대를 가로막는 포퓰리즘의 함정

포퓰리즘은 무언가를 퍼주는 행위라고 흔히 생각한다. 하지만 사회적으로 반드시 필요하고 바람직한 방향이 명백함에도, 대중의 즉각적인 반감을 피하기 위해 마땅히 해야 할 일을 하지 않는 것 역시 포퓰리즘의 또 다른 얼굴이다.

가장 대표적인 사례가 바로 증세 문제다. 저출생·고령화 심화로 미래 세대의 부담이 눈덩이처럼 불어나는 현실에서, 국가의 지속 가능성을 위해 증세 논의가 불가피하다는 것은 사회적 공감대를 얻는다. 그러나 어느 정치인이든 국민에게 '당신의 지갑을 열어야 한다'고 주장할 수 있는 사람은 없다. 그들은 진실 앞에서 침묵한다. 침묵은 그나마 낫다. 오히려 감세를 외치며 대중의 환심을 사려는 정치인도 있다. 이는 명백한 포퓰리즘이다.

국회의원 정수 축소 주장 역시 마찬가지다. 국회의원 수를 늘리면 특권층이 더 많아질까? 특권은 뭉치면 강화되고, 권력은 나눠야 분산된다. 300명이 나누어 갖던 권한을 200명이 나눠 가진다면, 개별 의원 한 명의 힘은 훨씬 더 막강해진다. 그의 한 표가 가진 가치는 더 높아지고, 발언의 무게는 더 무거워진다. 이처럼 소수에게 권력이 집중되면 특권이 강화될 수밖에 없다. 독재자 한 명이 다스리는 나라를 생각해보면 된다.

반면, 국회의원의 수를 늘리면, 개별 의원의 권력은 상대적으로 분산되고, 결국 약화된다. 더 많은 목소리가 공존하게 되면서 한두 사람의 힘으로 의사결정을 좌우하기 어려워지기 때문이다. 이런 관점에서 보면, 국회의원 정수를 늘리자는 주장은 사실 의원 개개인의 특권을 '내려놓자'는 주장에 가깝다. 국회의원 수를 줄이자는 주장이야말로, 특권을 소수의 엘리트만 독점하겠다는 위험한 발상인 것이다.

정치인들은 의원 수를 줄이면 국회가 정부를 제대로 견제하지 못하고, 그 결과 민주주의가 무너질 수 있다는 사실, 그리고 그 피해는 고스란히 국민에게 돌아갈 것이라는 사실을 누구보다 더 잘 알고 있다. 하지만 어느 정치인들은 진실을 말하는 대신, 국민의 반감에 편승해서 의원 수를 줄이겠다고 공약하기도 한다. 단기적으로는 인기를 얻을지 모르지만, 장기적으로는 민주주의를 훼손하는 무책임한 행동이다.

국회의원 정수 확대는 단순히 더 많은 정치인을 양산해내자는 의미가 아니다. 더 나은 민주주의를 위한 투자다. 하지만 이 투자가 진정한 효과를 거두려면, 정치 혐오의 더 깊은 근원을 들여다봐야 한다. 국민이 국회에 실망하는 이유는 두 거대 정당이 정쟁에 몰두하며 협상과 타협의 정치를 실종시키고 있기 때문이다. 이런 구도에서는 결국 거대한 두 개의 목소리만 충돌할 뿐, 국민의 다양한 삶은 제대로 대변되기 어렵다는 비판이 나온다.

이 지점에서 정수 확대는 새로운 가능성을 연다. 의원 개개인의 권한이 분산되고 더 다양한 배경을 가진 인물들이 국회에 진입하게 되면, 거대 정당 내부에서도 다채로운 목소리가 나올 수밖에 없다. 이는 자연스럽게 의원 간의 활발한 토론을 촉진하고, 흑백논리를 넘어선 협상과 타협의 공간을 넓힐 수 있다. 30년 전에 멈춰선 시계를 움직이는 것은 역동적인 민주주의를 향한 최소한의 시도다.

2부

정책,
정치의 중심을 걷다

정치의 언어는 때로 추상적이다. 그러나 그 언어가 향하는 곳은 구체적인 현실이다. 하나의 정책이 만들어지는 과정은 이상과 현실, 변화와 안정이 충돌하는 치열한 전쟁터와 같다. 국민을 대변하는 자와 국가를 운영하는 자, 그들을 잇는 정치는 어떻게 작동하는가. 법령 속 딱딱한 문장 하나가 한 사람의 삶을 바꾸기까지, '규칙을 만드는 일'은 과연 어떤 무게를 지니는가.

"상상은 대안이 되고, 대안은 현실이 된다."

4
민(民)과 관(官)을 잇는 정치

정치인의 문법, 공무원의 문법

우리나라 경제 현장을 살펴보면, 금융산업과 정보통신기술(ICT)산업의 성장 방식은 완전히 다르다. 먼저 금융산업은 여러 산업 중 규제가 가장 많은 곳으로 꼽힌다. 비금융업이 주로 회사의 돈을 기반으로 운영되는 반면, 금융업은 회사의 돈보다 훨씬 큰 비중을 차지하는 고객의 돈을 운용하기 때문이다.

따라서 금융산업은 규제와 법규, 관행 안에서 성장하며, 리스크 최소화와 예측 가능성 확보가 최우선 과제가 된다. 반면 ICT 산업은 규제를 깨거나 규제의 틈을 찾는다. 기존의 규칙을 파괴하고 새로운 시장을 만들어내며 성장한다. 택시 시장에서 갖은 논란을 빚었던 '타다'가 대표적 예다.

민간 영역에서 금융산업과 ICT산업의 성장 방식이 완전히 다르듯이, 공공 영역에서도 공무원과 정치인은 전혀 다른 방식으로 일한다.

공무원은 금융산업과 마찬가지로 법과 제도, 관행의 틀 안에서 일한다. 따라서 규정과 선례, 안정적인 시스템 유지가 최고의 미덕이다. 공무원은 법령에 근거하지 않은 일은 할 수 없고, 선례가 없는 사안은 신중한 검토를 거쳐야 한다. 그들이 안 된다고 하는 것은 단순히 핑계가 아니라, 시스템의 안정성을 지키는 역할을 충실히 수행하는 것이다.

반면, 정치인은 마치 ICT 사업가와 유사한 사고방식으로 일한다. 이상과 상상, 대안을 가지고 제도의 빈틈을 파고들고, 때로는 제도를 바꾸기도 한다. 기존에 없던 정책을 만들어내고, 시대의 변화에 맞춰 낡은 제도를 혁신하는 것이 정치인의 본질적 역할이다. 선거 공약부터 국정감사에서의 정책 제안까지, 정치인의 모든 활동은 기본적으로 현재와는 다른 무언가를 지향하는 데 초점이 맞춰져 있다.

중요한 점은 이 두 집단이 협력해야만 정책이 실현된다는 점이다. 정치인이 아무리 훌륭한 정책 아이디어를 제시해도, 그것을 실제로 집행하는 것은 공무원이다. 반대로 공무원이 아무리 체계적이고 안정적인 시스템을 구축해도, 시대 변화에 맞는 새로운 방향을 제시하는 것은 정치인의 몫이다.*

협력의 어려움, 그리고 가능성

카카오뱅크는 카카오(ICT)와 한국투자증권(금융업)의 합작으로 만들어진 인터넷전문은행이다. 두 회사가 함께 인터넷전문은행을 만들기로 하고, 은행 설립인가를 준비할 때 적지 않은 혼선이 있었다고 한다. 한국투자증권 출신들은 카카오의 혁신을 인정하면서도, 은행업의 복잡한 규제와 리스크 관리에 대한 이해 부족을 우려하고, 카카오 출신들은 기존 금융권의 보수적이고 경직된 문화가 혁신을 가로막을 것이라고 걱정했다고 한다. 기술 개발이라는 같은 목표를 두고도 한쪽은 질서를 지키기 위한 입장에, 또 다른 한쪽은 질서를 깨기 위한 입장에 서 있었던 것이다.

다행히도 팽팽한 긴장 관계를 만들었던 둘 사이의 갈등이 예상치 못한 시너지를 내며 결국 카카오뱅크의 성공을 이끌었

---

* 사회학자 막스 베버 역시 정치인은 자신의 신념에 따라 방향을 제시하고 그 결과에 대해 온전히 정치적 책임을 져야 하고, 행정관료는 정치적 중립을 지키며 상부의 지시를 정확히 집행하는 데 책임을 다해야 한다고 보았다. 특히 자신의 결정에 책임을 회피하는 정치인과 직업적 소명을 넘어 정치적 판단을 하려는 관료를 최악으로 꼽았다.

지만, 이 같은 성공 사례가 흔한 것은 아니다. 당시 카카오뱅크 설립 단계부터 대표이사를 맡았던 국회의원 이용우는 카카오뱅크의 합작 사례를 두고 "만약 한국투자증권이 주도했다면 또 다른 하나의 은행 앱이 되었을 것이고, 카카오가 주도했다면 은행조차 만들지 못했을 것"이라고 회고하기도 했다.[16]

공무원과 정치인의 관계는 카카오뱅크 사례와는 무게감이 다르다. 카카오뱅크처럼 금융회사와 스타트업이 만나는 것은 혁신을 위한 '충분조건'이다. 협력하면 더 좋은 결과를 낼 수 있지만, 협력하지 않아도 각자 존재할 수 있고 나름대로 성과를 거둘 수 있다.

반면 공무원과 정치인의 협력은 정책 실현을 위한 '필요조건'이다. 둘 중 하나라도 빠지면 정책은 온전한 형태로 구현될 수 없고, 시대의 변화에 발맞춰 발전하기도 어렵다. 따라서 정치인의 혁신적 아이디어를 공무원의 전문성과 안정성으로 뒷받침하는 유기적 관계는 매우 중요하다.

안정성의 차이가 만드는 서로 다른 관점

정치인과 공무원의 차이는 근본적으로 왜 나타나는 것일까? 그 배경엔 '직업적 안정성'이 있다. 공무원은 상대적으로 안정적인 지위를 가진다. 정권이 바뀌어도 자리를 유지할 수 있고, 법과 규정에 따라 일하는 한 직업적 연속성이 보장된다. 이런 안정성은 그들로 하여금 장기적 관점에서 체계적이고 일관된 정책을 추진할 수 있게 한다. 따라서 급격한 변화보다는 점진적 개선을, 혁신보다는 안정성을 선호하게 만든다.

정치인은 정반대다. 주기적으로 선거라는 국민의 심판을 받아야 하고, 민심의 변화에 따라 언제든 정치적 생명이 끝날 수 있다. 이런 불안정성은 그들로 하여금 시대 변화에 민감하게 반응하고, 새로운 정책 어젠다를 적극적으로 제시하게 만든다. 하지만 동시에 장기적 관점보다는 단기적 성과에, 일관성보다는 유연성에 치중하게 만들기도 한다.

바로 이 지점에서 두 집단의 협력이 필요해진다. 공무원의 안정성과 전문성이 정치인의 혁신 의지와 만날 때, 비로소 지속 가능하면서도 시대에 부응하는 정책이 탄생할 수 있다. 정치인의 사고만으로는 일관성이 부족하고, 공무원의 사고만으로는 변화의 동력이 부족하다.

두 세계를 잇는 직업, 국회의원 보좌진

국회의원 보좌진은 국회의원이 고용할 수 있는 9명의 직원을 말한다. 이들은 별정직 공무원 신분으로 보좌관(4급 상당 2명), 선임비서관(5급 상당 2명), 비서관(6급·7급·8급·9급·인턴

상당 각 1명), 총 9명으로 구성된다. 보좌관은 이 중 4급 보좌관 2명을 지칭하고, 보좌진은 9명 전체를 아우르는 개념이다. 직급에 따른 업무 분담과 책임의 차이는 있지만, 실제 현장에서는 이들이 하는 일이 크게 다르지 않다.

이들의 공식적인 역할은 국회의원의 의정활동을 지원하는 것이다. 법안 검토, 정책 연구, 일정 관리, 지역구 민원 처리 등 국회의원 한 명이 감당하기 어려운 방대한 업무를 분담한다. 하지만 실제 현장에서 보좌진의 역할은 이런 공식적 정의를 훨씬 넘어선다.

보좌진은 정치인과 공무원 사이에서 조정자 역할을 담당한다. 정치인의 정책 아이디어를 구체적으로 실현 가능한 형태로 만들고, 행정부처의 제약 사항을 정치적 목표와 연결시킨다. 공무원이 규정상 어렵다고 하면, 보좌진은 그 규정의 예외 조항을 찾아내거나, 다른 법령과의 조합을 통해 새로운 해석을 시도한다. 정치인이 정책 아이디어를 내면, 보좌진은 그것을 어떤 법적 근거로, 어떤 행정 절차를 통해, 어떤 예산으로 실현할 수 있는지를 구체적으로 설계한다. 정치인의 정책적 목표와 현실적 제약도 동시에 고려해야 한다. 의원의 정치적 신념을 현실 정책으로 구현하면서도, 그것이 실제로 실행 가능한지, 정치적으로 도움이 될지를 계산해야 한다.

이런 긴장 속에서 보좌진은 정치인과 어떤 방식으로 일해야 이상적일까? 국회의원 보좌관인 내 경험을 바탕으로 이야기하자면, 이 질문에 대한 답은 뜻밖에도 JTBC 드라마 〈재벌집 막내아들〉의 한 장면에서 찾을 수 있다. 주인공은 재벌 총수 일가를 모시는 자신의 생존 원칙을 이렇게 설명한다. "첫째, 오너 일가의 지시는 절대 거절하지 않습니다. 둘째, 그 어떤 질문도 하지 않습니다. 그리고 그 모든 경우에 결코 판단하지 않습니다."

의원이 제시하는 상상과 이상은 종종 행정의 관점에서는 불가능하고, 현실의 관점에서는 비합리적으로 보인다. 그래서 거절하고 싶고, 왜 해야 하는지 질문하고 싶고, 안 되는 일이라고 판단하고 싶은 욕망에 빠진다.

이때 보좌진이 자신의 얕은 경험과 지식으로 '이건 안 된다'고 섣불리 판단해버리는 순간, 모든 가능성은 차단된다. 정치인은 국민이 선출한 대표이고, 보좌진은 선출되지 않은 권력이다. 민주적 정당성을 가진 선출직 공직자의 판단을, 선출되지 않은 공직자가 자의적으로 차단할 권한은 없다. 여기서 '판단하지 않는다'는 것은 단순히 수동적 복종이 아니라, 불가능해 보이는 목표 앞에서 섣부른 예단을 멈추고 '어떻게 하면 가능하게 만들까'라는 질문을 해야 한다는 것이다. 의원의 지시가 '안 된다'고 느껴지는 이유는 여러 가지다.

첫째, 보좌진의 역량이 부족해 방법을 모르는 것이다. 국회는 4년에 한 번씩 바뀐다. 보좌하는 국회의원의 여당-야당 소속 여부와 당직 참여 여부, 상임위 경험, 선거 경험 등 4년 임기를 채워도 한 사이클을 다 돌지 못하기 때문에 어떤 보좌진도 단 4년 만에 모든 것을 알 수 없다. 그러나 보좌진은 자신이 모든 것을 다 안다는 착각에 빠진다. 특히 국회의원의 정무적 판단을 정책과 법안으로 구현하는 과정에서, 여러 기관보다 상대적으로 영향력 있는 위치에 서는 경우가 많은데, 이러한 환경은 스스로를 과신하며 판단의 오류를 범하기 쉽게 만든다. 실제로 국회에서는 어떤 보좌진이 해결하지 못한 일을 다른 보좌진이 해결하는 경우도 심심찮게 볼 수 있다.

둘째, 단기간에 성과가 나오지 않는 힘든 일이라 하기 싫은 경우다. 보좌진도 나름의 직업이기 때문에 단기적으로 성과를 낼 수 있는 일을 더욱 선호한다. 보다 안정적으로 본인의 가치를 높일 수 있는 일 말이다. 성과를 낼 수 있는 업무가 널려 있는데, 시간만 투자하고 성과는 나오지 않는 일을 굳이 파고들 유인이 없다.

셋째, 정말로 법과 제도에 막혀 불가능한 경우다. 정치인의 혁신적 아이디어는 때로 기존 법령의 테두리를 과도하게 벗어나거나, 현재의 행정 체계로는 구현하기 어려운 것들이 있다.

뜻밖의 대안은 주로 첫 번째와 두 번째 경우에서 탄생한다. 보좌진이 자신의 부족함을 인정하고 새로운 방법을 모색하거나, 당장의 성과보다 장기적 관점에서 끈질기게 파고들 때 예상치 못한 돌파구가 열리는 것이다. 세 번째 경우는 아무리 노력해도 현실적 한계가 명확하지만, 첫 번째와 두 번째는 보좌진의 태도와 접근 방식에 따라 '불가능해 보이는 일'이 '가능한 일'로 바뀔 수 있는 영역이다.

정치인의 상상을 현실로 만들기 위해, 보좌진은 기존의 법과 제도를 비틀어 해석하고, 새로운 관행을 만들어내며, 존재하지 않던 자원을 연결한다. 물론 그 과정에서 수많은 시도가 실패로 돌아가고 흐지부지되기도 한다. 하지만 그 잿더미 속에서, 때로는 눈부신 대안이 싹을 틔운다.

결국 '이상'과 '상상'이 정치인의 영역이라면, 그것을 현실로 구현할 '대안'을 만드는 것은 보좌진의 영역인 셈이다. 보좌진은 단순히 의원의 지시를 이행하는 수동적인 존재가 아니라, 정치인의 비전을 현실적인 정책으로 설계하는 능동적인 존재가 되어야 한다.

공무원이 '안 된다'는 현실의 벽 앞에서 멈춘다면, 정치인은 '되어야 한다'는 당위의 깃발을 든다. 그리고 보좌진은 그 사이에서 '어떻게 하면 될까'라는 방법의 다리를 놓는다. 이 삼각형의 구조가 균형을 이룰 때, 비로소 정책은 현실이 된다.

정치가 때로 냉소의 대상이 되기도 하지만, 나는 여전히 경계선 위에서 이 일의 가치를 믿는다. 행정이 발을 딛고 있는 안정적인 땅과 정치가 발을 딛고 있는 불확실하기 그지없는 가능성의 땅, 그 아슬아슬한 문턱에서 세상은 조금씩 더 나은 방향으로 나아가기 시작한다.

보좌진의 딜레마

보좌진이라는 직업의 가장 큰 딜레마는 인간성을 잃어가는 자신과 마주해야 할 때 다가온다. 학창 시절 내가 좋아하던 학원 선생님이 있었다. 공부보다는 선생님에 대한 존경심을 내비치자, 선생님이 문득 내게 학원 강사와 학교 교사의 차이를 물었다. 나는 그저 사교육과 공교육의 차이를 설명하려는 것인 줄 알았다.

하지만 그는 의외의 답을 내놨다. 학생이 가출했을 때, 학교 선생님은 그 아이를 걱정하며 밤새 찾아다녀야 하는 사람이지만, 학원 강사는 그 옆에 앉아 있던 친구까지 함께 그만둘까 봐 더 걱정해야 하는 사람이라는 것이다. 하는 일이 같지만, 그 뒤에 숨어 있는 목적은 다를 수 있다는 의미였다.

대한민국 헌법 제46조에는 "국회의원은 국가이익을 우선하여 양심에 따라 직무를 행한다"라고 되어 있다. 반면, 국회의원의 보좌직원과 수당 등에 관한 법률 제2조에는 "국회의원의 입법활동을 지원하기 위하여 보좌관 등 보좌직원을 둔다"라고 되어 있다. 국회의원은 국가의 이익을 위해, 보좌진은 국회의원을 지원하기 위해 존재한다. 다르게 이야기하면, 보좌진은 국회의원의 재선을 만들어내는 것이 제1의 목표가 될 수밖에 없다.

학교 교사와 학원 강사의 비유에 대입해보면, 국회의원은 학교 교사에 가깝고, 보좌진은 학원 강사에 가깝다. 이러한 괴리감을 가장 뼈아프게 느꼈던 순간은 2022년 이태원 참사 때였다. 그해 10월 29일, 지역구 조기축구에 나서기 위해 새벽에 잠에서 깼다. 눈을 뜨자마자 SNS 메신저를 통해 확인한 영상은 충격적이었다. 수십 명의 내 또래 사람들이 길바닥에 널브러져 있었고, 살아남은 사람들은 그들에게 심폐소생술을 하고 있었다. 그 참혹한 광경 앞에서 나는 슬픔이나 분노보다 먼저, 이 참사가 앞으로의 정치 지형에 어떤 영향을 미칠지, 정부 부처에 어떤 자료를 요구해서 책임을 규명해야 하는지를 계산하고 있었다.

오송지하차도 참사(2023) 국정조사를 준비할 당시에도 마찬가지였다. 국정조사는 이미 2년이라는 시간이 흐른 뒤에야 진행되었기에 쉽지 않을 것 같았다. 수많은 자료가 이미 공개되었고, 경찰 수사와 검찰 조사까지 마무리된 상황이었기 때문이다. 나는 그 상황에서 어떻게 성과를 낼 수 있을지 계산부터 하고 있었다.

질의서 작성을 위해 자료를 검토하면서 그날의 비극을 잔인할 정도로 세밀하게 들여다봐야 했다. 용기가 나지 않아 차마 펼쳐보지 못한 자료도 많았다. 검토를 마치고 질의서를 쓰려 했지만, 글이 좀처럼 써지지 않았다. 그날의 상황이 머릿속에서 떠나지 않았다.

나는 며칠 동안 순식간에 물에 잠긴 지하차도 안에서 목숨을 잃은 희생자가 되어보기도 하고, 생사의 갈림길에서 기적적으로 목숨을 건진 생존자가 되어보기도 했다. 지금도 고통받고 있을 유가족의 트라우마를 어렴풋이나마 짐작해보려 애썼다.

그제야 비로소 이 조사가 왜 필요한지, 내가 무엇을 놓치고 있었는지 깨달았다. 내가 해야 할 일은 참사의 진상을 규명하는 데 힘을 보태는 것이었다. 국회의원 보좌관이기 이전에 국민의 한 사람으로서, 희생자들과 유가족들의 억울함을 풀어주는 일이어야 했다.

참사 앞에서조차 냉정하게 유불리를 따지는 내 모습을 발견했을 때, 깊은 자괴감을 느꼈다. 모두가 함께 아파하는 순간에 그러지 못하는 사람이 되어가고 있다는 사실. 인간성을 잃어버려야만 유능한 보좌진이 될 수 있는 것이라면, 이 직업은 과연 계속할 만한 일인가 하는 생각이 들었다.

그런데 문득, 그 학원 선생님이 마지막에 덧붙였던 말이 떠올랐다. 그는 그렇다고 자신이 돈 버는 것만 생각하는 건 아니라며, 단지 두 역할의 본질적인 목표가 다르다는 걸 설명하기 위해 조금 극단적으로 표현한 것이라고 했다. 나 역시 그의 조언 덕분에 지금까지 그 깨달음을 간직하고 있으니, 학원 강사라고 해서 학교 교사와 같은 울림을 주지 못하는 것은 아닌 것 같다.

시간이 한참 흐른 지금, 나는 그가 덧붙인 말에서 깊은 위로를 얻는다. 보좌진이라는 직업의 본질은 때로 냉정함을 요구한다. 하지만 세상은, 그리고 사람은 그렇게 극단으로만 움직이지 않는다.

돌이켜보면 헌법 제7조에는 "공무원은 국민 전체에 대한 봉사자이며, 국민에 대하여 책임을 진다"라고 되어 있다. 보좌진도 공무원의 지위를 가진다는 점에서, 의원의 재선뿐 아니라 '국민에 대한 봉사자'가 될 수 있다. 냉정한 정치적 계산과 따뜻한 인간적 공감, 이 둘 사이에서 균형을 찾아가는 것. 그것이 보좌진이라는 직업을 지속할 수 있게 하는 힘이다.

5
규칙을 만드는 일의 엄중함

세상의 속도를 따라가지 못하는 규칙들

세상에는 정해진 규칙만으로 해결할 수 없는 일들이 있다. 오히려 그 규칙 때문에 문제가 더 꼬이기도 한다. 우리는 이런 상황을 행정기관의 문턱을 넘나들며 종종 마주한다. 법적 근거가 없다는 말은 그들이 내세우는 방패이자, 때로는 스스로를 고립시키는 벽이 되기도 한다.

물론 규정과 원칙은 중요하다. 모든 시민을 공평하게 대하고, 담당자의 자의적인 판단을 막는 최소한의 안전장치이기 때문이다. 하지만 세상은 규정이 만들어지는 속도보다 늘 한 발짝 앞서 나간다. 기존의 법으로는 설명할 수 없는 갈등이 터져 나올 때, 행정의 경직성은 한계를 드러낸다. 안정성이 중요한 행정시스템은 새로운 현상을 '예외'로 규정하고, 해결책을 찾는 대신 문을 닫아버린다.

이때 필요한 것이 정치의 역할이다. 정치는 규정의 문언 뒤에 숨은 '왜'라는 질문을 던진다. 이 법은 애초에 무엇을 위해 만들어졌는지, 지금 이 상황이 그 목적에 부합하는지를 면밀히 검토한다. 이 장에서는 내가 국회의원 보좌진으로 일하면서, 문제의 본질을 파고들고 해결의 실마리를 찾았던 몇 가지 사례를 소개하려 한다.

증명서 한 장의 무게

어느 날 지역구 주민에게서 연락이 왔다. 그의 지인이 인터넷 방송 플랫폼에서 BJ로 활동하다 그만두었는데, 수백만 원의 건강보험료가 부과되었다는 민원이었다. 소득이 없어졌으니 건강보험료를 조정해달라고 국민건강보험공단에 신청했지만, 번번이 반려된다는 하소연이었다.

문제의 구조는 이랬다. 직장가입자와 달리 대부분의 프리랜서들은 지역가입자로 분류된다. 따라서 소득과 재산을 기준으로 보험료가 부과된다. 소득이 일정하지 않은 이들의 특성을 고려해, 소득이 끊겼다는 사실을 증명하면 보험료를 조정해주는 제도가 있다. 그 증명을 위해 필요한 서류가 바로

'해촉(解囑)증명서'다. 위촉되었던 직위나 업무를 그만두었다는 공식적인 증명서다.

그 민원인은 방송 일을 그만둔 뒤 인터넷 방송 플랫폼에 '해촉증명서'를 요구했다. 그러나 플랫폼은 '활동종료증명서'를 발급해주었고, 건강보험공단 측은 규정상 이 서류를 접수할 수 없다고 주장했다. 민원인은 양 기관 사이에서 발만 동동 구르는 상황이었다.

플랫폼 측은 BJ는 고용된 직원이 아닌 개인사업자이기 때문에, '해촉'이라는 단어 자체가 성립하지 않는다고 했다. 또한, 이전까지는 '활동종료증명서'로도 처리가 되었다고 했다.

반면, 건강보험공단 담당자는 공단에서는 해촉증명서를 제출하는 것이 원칙이라고 했다. 활동종료증명서는 향후 소득이 발생할 수 있다는 여지를 남기기 때문에, 지금껏 해촉증명서를 제출한 건만 처리되었다고 주장했다. 양측의 입장이 평행선을 달리고 있었다.

여러 경로를 통해 확인해본 결과 건강보험공단의 주장과는 달리, 실제로 '활동종료증명서'를 통해 처리된 사례가 있었다. 알고 보니 각 지사 담당자마다 기준을 다르게 해석하고 있었다. 공식적으로 자료를 제출받아보니, 건강보험공단이 '활동종료증명서'로 보험료를 조정한 사례가 70건이 넘었다. 이 사실을 지적하자, 건보공단 측은 원칙을 지키기 위해 기존에 처리된 70여 건을 다시 반려하겠다는 취지로 말했다.

담당자가 사실관계를 파악하지 않고 틀린 답변을 하긴 했지만, 이런 상황에서 어느 한쪽을 일방적으로 압박하는 것은 최악의 해법이다. 공공기관은 규정에 따라 움직일 수밖에 없고, 기업 역시 내부 규정과 법적 해석을 무시할 수 없기 때문이다.

문제의 본질을 따져보니, 양측은 '증명서의 종류'에만 집착하고 있었다. 건보공단 측은 '해촉증명서'에, 플랫폼 측은 '활동종료증명서'에 매달려 정작 가장 중요한 사실인 '이 사람에게 더 이상 소득이 발생하지 않는다는 것'만 증명하면 된다는 사실을 놓치고 있었던 것이다.

나는 건보공단에 플랫폼 측의 '활동종료증명서'에 '이후 해당 BJ에게 지급될 소득이 없다'는 취지의 문구 한 줄을 추가하면 가능하지 않겠냐고 물었다. 핵심은 서류의 종류가 아니라 소득 중단 여부의 확인이었기 때문이다.

동시에 플랫폼 측을 설득했다. 먼저 건강보험공단에서 '활동종료증명서'로 보험료를 조정한 사례가 70건이 넘었다는 사실을 전했다. 그리고 만약 이 문제가 원칙대로 처리되어 기존의 70건이 모두 반려된다면, 그 민원의 화살은 모두 회사로 향할 것이라는 현실을 설명했다.

결국 내 제안대로 일이 처리됐다. 플랫폼 측은 내부 검토와 법무법인의 검토를 거쳐 증명서에 해당 문구를 추가하기로

했고, 건보공단은 이를 수용했다. 개인의 민원으로 시작된 일이었지만, 이 작은 조정을 통해 이름 모를 70여 명의 BJ, 그리고 앞으로 비슷한 문제에 부딪힐지 모를 다른 프리랜서들에게도 적용될 수 있는 새로운 '가이드라인'이 만들어졌다. 문제 해결을 위해서는 단순히 싸우는 것보다 본질을 파악하고 중재하는 것이 중요하다. 대안은 그 과정에서 나온다.

해결되지 않은 과제들의 무덤

금융을 담당하는 정무위원회 국정감사를 준비할 때의 일이다. 어느 날 사무실에 한 통의 제보가 들어왔다. 본인이 가상화폐 사기 사건의 피해자라는 것이다. 신고도 마쳤고 경찰 수사도 진행되고 있는데, 몇 개월이 지나도 사기 계좌의 지급 정지가 되고 있지 않다고 했다. 경찰의 요청에도 해당 은행이 지급 정지 요청을 받아주지 않는다는 것이다. 실제로 내가 직접 해당 계좌에 돈을 넣으려고 시도해봤는데, 외국인 이름의 계좌가 그대로 살아 있었다. 어디서부터 잘못된 것일까?

먼저 이 사기의 유형을 살펴보자. 사기의 핵심은 가상화폐망에서 작동되는 NFT(Non-fungible token)라는 상품이었다. NFT는 '대체 불가능 토큰'이라는 의미로, 쉽게 말해 블록체인 기술을 이용한 가상의 상품이다. 이렇게 풀어서도 이해하기 어려운 만큼, 당시 중장년층, 주부 등을 대상으로 한 사기가 기승을 부렸다.

사기의 방식은 이랬다. SNS를 통해 이성이 접근한다. 지속적으로 소통하며 친분을 쌓은 뒤, NFT라는 신기술을 이용한 투자가 있다고 소개한다. 그리고 소액을 투자하면, 처음엔 수익을 보장해주고, 투자액이 늘어나면 인출 자체를 불가능하게 하는 구조다. 교묘하게도 '돈을 빼려면 돈을 추가로 넣어야 한다'라며, 추가적인 투자금을 갈취하고, 결국 잠적한다.

제보자는 9,000만 원가량의 피해를 봤다며, 조금이라도 남아 있을 자신의 돈이 빠져나가지 않도록, 경찰이 은행에 요청한 대로 계좌 지급 정지를 해야 한다고 주장했다. 또한 해당 계좌가 정지되지 않는 사이 더 많은 피해자가 양산될 것이라고 우려했다.

나는 곧바로 〈통신사기피해환급법〉을 검토했다. 현행 법률에 따르면, 보이스피싱, 대출사기 등 이용계좌로 의심되는 경우 해당 계좌를 지급 정지할 수 있도록 하고 있는데, 은행이 이를 받아들이지 않고 있었다.

해당 은행 담당자에게 연락해 그 이유를 물었다. 은행 측은 투자 사기가 '〈통신사기피해환급법〉에 따른 사기'가 아니라 지급 정지할 근거가 없다고 했다. 그러니까 투자사기는 '형법상 사기'이지, 보이스피싱이 아니라는 것이다. 은행 역시 사기

계좌라면 지급 정지를 하지 않을 이유가 없는 상황에서, 법적 근거가 없다는데, 내가 달리 할 말이 없었다. 그리고 개정안을 준비했다.

그런데 문득 궁금해졌다. "다른 은행들도 마찬가지일까?" 몇몇 시중은행에 문의하자, 놀라운 답변이 돌아왔다. 한 은행은 비슷한 경우에도 지급 정지를 한 사례가 있다는 것이었다. 법적 근거가 없는데 어떻게 가능했냐고 묻자, 은행 자체 내규에 따라 사기 의심 계좌를 정지할 수 있는 규정이 있다고 했다.

각 시중 은행에 '전기통신금융사기 외 사기 유형에 대한 계좌 지급 정지 현황' 자료를 공식적으로 요청했다. 며칠 뒤 자료가 도착했는데, 5대 시중은행 중에서는 오직 하나은행만이 경찰의 요청에 응해 지급 정지를 하고 있었고, 인터넷전문은행 중에서는 케이뱅크와 카카오뱅크만 응하고 있었다. 똑같은 사기 범죄를 두고, 피해자가 어느 은행을 거래했느냐에 따라 구제 여부가 달라지는 어처구니없는 현실이 증명된 것이다.

당시 이용우 국회의원은 금융감독원 국정감사에서 이 자료를 공개하며, "수사 과정에서 범죄 계좌임이 명확해 은행에 계좌 지급 정지 요청 공문을 보내더라도, 은행이 이를 거절하는 사례가 발생하고 있다"라고 지적했다. 특히 "유사한 피해 사례를 두고도 각 은행이 상이한 대응을 이어오고 있다"고 꼬집었고, 언론은 이 같은 금융권의 안일한 대응을 대서특필했다.

이후 국회에서 수년에 걸쳐 법적인 공백을 메우기 위한 수많은 개정안이 발의되었다. 그러나 해당 법안들은 여전히 상임위 계류 상태에 있다. 중고거래 사기나 투자 사기는 사기 성립 여부에 대한 금융회사의 즉각적인 판단이 어려운 측면이 있고, 전자상거래 과정에서 발생하는 수많은 분쟁까지 포함될 수 있다는 우려에서다.[17]

국정감사에서 문제가 지적되고, 언론의 대서특필까지 이어졌지만, 안타깝게도 이 문제는 여전히 현재진행형이다. 정책의 현장에서는 이처럼 문제의 원인이 명확히 드러나고, 해결 방안까지 제시되어도 마지막 한 걸음을 내딛지 못하고 멈춰서는 경우가 비일비재하다. 그럴듯한 수많은 핑계 뒤에 숨은 것은 결국 '해결하려는 의지'의 부재다. 문제를 지적하는 것과 문제를 해결하는 것은 전혀 다른 차원의 일이다. 정치 현장은 그렇게 해결되지 않은 과제들의 무덤이 되기도 한다.

경쟁이 만든 협치: 오물풍선 피해 보상법

2024년 5월, 대한민국은 때아닌 '오물풍선' 공포에 휩싸였다. 북한이 날려 보낸 거대한 풍선들이 담배꽁초, 폐지, 심지어 분뇨까지 담은 채 전국 곳곳에 떨어졌다. 우리 국민을 겨냥하고 날린 대남전단 수준을 넘어, 국민의 안전을 위협하고 재산

피해를 유발하는 명백한 도발 행위였다. 자동차 유리가 깨지고, 상가 지붕이 파손되는 등 피해 신고가 이어졌다.

그런데 정작 피해자들은 어디에서도 보상받을 길이 없었다. 〈민방위기본법〉상 '전시상황'도, 〈재난 및 안전관리 기본법〉이 정한 '사회재난'도 아니었기 때문이다. 국가 안보의 최전선에서 벌어진 일임에도, 정작 피해를 보상할 법적 근거가 전혀 없는 어처구니없는 상황이었다. 국가의 가장 기본적인 책무인 국민 보호에 거대한 공백이 존재하던 상황이었다.

나는 피해 보상의 법적 공백을 짚어 모경종 의원에게 보고했다. 모경종 의원은 GP장까지 지낸 학군단 장교 출신이다. 그는 내 보고의 핵심을 단번에 꿰뚫어보고, 북한에 의해 우리 국민이 피해를 본 것도 문제지만, 피해 본 우리 국민이 보상받을 길이 없다는 걸 무척 의아해했다.

즉시 법 개정 검토에 착수했다. 가장 적합한 법률은 〈민방위기본법〉이었다. 이 법에 '적의 침투·도발'로 인한 재산상 피해를 국가가 보상할 수 있다는 근거 조항 하나만 추가하면 되는, 비교적 간단한 개정안이었다.

문제는 속도였다. 당시는 22대 국회가 막 개원한 어수선한 시점이라, 법안 발의에 필요한 국회의원 10명의 공동발의 서명을 받는 것이 쉽지 않았다. 분주하게 다른 의원실에 협조를 구하고 있는데 황당한 소식이 들려왔다. 당시 여당이었던 국민의힘에서 우리와 똑같은 내용의 법안을 발의하겠다고 발표한 것이다.

이미 나는 법률 검토부터 개정안 성안, 공동발의 서명 게재까지 모든 준비를 마친 상태였다. 나는 모경종 의원에게 최대한 빨리 법안을 제출해야 한다고 보고하고, 서둘러 서명 작업을 마무리했다. 그리고 국민의힘보다 하루 먼저 〈민방위기본법 일부개정법률안〉을 발의했다.

이러한 이슈 선점 경쟁은 예상치 못한 결과를 낳았다. 본래 야당이 낸 민생 법안은 상임위 문턱조차 넘기 어려운 경우가 허다하다. 하지만 이 법안만큼은 달랐다. 이미 여당인 국민의힘이 정부와 함께 추진하겠다고 공언한 사안이었기에, 국회 논의 과정에서 최우선 순위로 다뤄지기 시작했다. 결과적으로 당시 야당이던 우리가 먼저 발의한 법안을, 여당이 앞장서서 밀어주는 기묘한 협치의 모양새가 만들어진 것이다.

나는 여기서 멈추지 않았다. 법안이 심사 과정을 거치는 동안, 전국의 지방자치단체들이 '시민안전보험'을 통해 오물풍선 피해를 어떻게 처리하고 있는지 전수조사했다. 예상대로 보상 기준은 제각각이었다. 서울 9곳, 경기 13곳은 보상이 가능했지만, 인천은 단 한 곳도 가능하지 않다는 충격적 사실을 확인했다. 나는 이 자료를 즉시 언론에 공개하며 "국가의 책무에 차별이 있어선 안 된다"는 여론을 형성했다. 법안 통과의 당위성을 더욱 단단하게 만든 것이다.

얼마 뒤, 본회의에서 내가 처음 밑그림을 그렸던 〈민방위기본법 일부개정법률안〉이 대안 반영으로 통과되었다. 5월 말부터 시작된 북한의 도발로 발생한 100여 건, 1억 원이 넘는 재산 피해를 국가가 보상할 수 있는 법적 근거가 마침내 마련된 순간이었다.

정치 현장에서 경쟁은 종종 소모적인 갈등으로 흐른다. 하지만 때로는 경쟁이 의도치 않은 협치를 낳기도 한다. 이것이 정치 현장에서 마주하는 흥미로운 역설 중 하나다.

규정이 옳을 것이라는 착각

보좌진으로 일하다 보면 수많은 직장 내 갈등에 대한 이야기를 듣게 된다. 어느 날 국가보훈부 산하 기관의 노동조합에서 찾아와 제대군인 지원센터 상담사들이 겪는 어려움을 토로했다. 여러 이야기 중 유독 내 귀를 사로잡은 것은 근무평정에 관한 내용이었다. 구성원 간의 일부 다툼을 넘어, 의도적으로 누군가에게 과다하거나 어려운 업무를 몰아주고, 심지어 그것을 바탕으로 불리한 평가까지 내리는 일이 가능한 불합리한 구조가 있다는 것이었다.

클라이언트 배정과 평가를 같은 사람이 한다면 공정성을

담보하기 어렵다는 것은 상식에 가깝다. 그런데 이 구조가 더 비상식적이었던 이유는 평가하는 '팀장 상담사'와 평가를 받는 '상담사'가 모두 같은 공무직 근로자 신분이라는 점이었다. 무엇보다 이들을 총괄할 책임이 있는 센터장은 공무원 신분임에도 평가 업무를 하지 않고 있었다. 어떻게 이런 비합리적인 시스템이 버젓이 작동할 수 있는지, 그 이유를 파고들기 시작했다.

구체적인 사례는 대전센터에서 나왔다. 한 상담사가 50세 이상, 즉 상대적으로 취업이 어려운 클라이언트를 89%나 배정받았고, 그 결과 저조한 실적을 이유로 낮은 근무평점을 받았다는 것이다. 업무를 배분하는 사람과 그 결과를 평가하는 사람이 모두 '팀장 상담사'였기에 가능한, 완벽한 '셀프 갑질'의 구조였다.

국가보훈부 담당자들을 국회로 불렀다. 그들은 자신들의 규정집을 방패삼아 아무런 문제가 없다고 당당하게 주장했다. 〈제대군인지원센터 공무직 근로자 인사 등 관리규정〉 제20조 제2항은 다음과 같았다.

> ② 평정자는 피평정자의 소속팀장, 확인자는 사용부서의 장으로 한다.

규정상 '팀장'이 평가하는 것이 맞으니, 절차적으로 완벽하다는 논리였다. 내가 이해하기에도 그랬다. 하지만 공무원들이 내미는 규정이 이야기의 끝인 경우는 드물다. 하위규정으로 내려올수록, 상위법에서 규정한 입법 취지나 기본 원칙이 모호해지거나 때로는 왜곡되기 때문이다. 나는 상위 규정을 모두 검토하기 시작했다. 그리고 국가보훈부 공무직과 기간제근로자 전체를 규율하는 규정인 〈국가보훈부 공무직 및 기간제근로자 관리규정〉을 찾아냈다. 그곳에는 센터의 규정과 명백히 충돌하는 조항이 있었다.

⑤ 근무성적평가의 평가자는 각 부서의 장으로 하고, 확인자는 채용권자로 하되, 위임전결규정에 의해 전결권자가 대행할 수 있다.

상위 규정은 명백히 '부서의 장', 즉 공무원 신분인 '센터장'을 평가자로 지정하고 있었다. 하위 규정이 상위 규정을 위반하고 있었던 것이다.

며칠 뒤, 다시 보훈부 담당자들을 불렀다. 나는 두 개의 규정을 나란히 보여주며 물었다. "제가 보기에는 상위 규정이 평가자를 부서의 장, 즉 공무원인 센터장으로 하라는 것으로 보이는데, 센터의 규정은 왜 소속팀장으로 규정하고 있지요?"

처음의 당당함은 사라졌다. 아무런 문제가 없다던 그들은, 명백한 법적 근거 앞에서 그 자리에서 오류를 인정하고 즉각 시정하겠다고 약속했다. 그리고 그 약속대로, 문제가 되었던 규정은 그해 말 〈국가보훈부훈령 제35호〉를 통해 다음과 같이 수정되었다.

> 제20조(근무성적평가) ② 평가자는 각 부서의 장으로 하고, 확인자는 채용권자로 한다. 다만, 본부는 평가자 및 확인자를 따로 정할 수 있다.

법과 규정을 무기처럼 여기는 공무원들조차 때로는 잘못된 규정을 따르거나, 관행이라는 이름 아래 실수를 할 수 있다. 그들이 잘못했다는 뜻이 아니다. 오히려 각자의 역할에 충실했기에 발생한 구조적 문제에 가깝다. 그렇기에 시스템이 경직되지 않고 바로 서기 위해서는 규정을 집행하는 공무원과 그 규정 자체를 끊임없이 의심하고 개선하는 정치인의 유기적인 관계가 필요하다. 보좌진의 책상은 바로 그 관계가 가장 치열하게 작동하는 현장이다.

 이처럼 법과 제도의 빈틈을 메우고 시스템을 바로잡는 것이 국회에서 벌어지는 정책 현장의 일이라면, 지역구에서는 주민들의 삶과 미래를 지키기 위한 또 다른 차원의 싸움이 벌어지기도 한다.

단숨에 팔릴 뻔한 검단의 심장

2025년 1월, 인천도시공사(iH)가 검단신도시에 위치한 의료복합시설용지의 3분의 1을 쪼개서 팔겠다는 공고를 냈다. 그 부지는 검단 지역 원도심과 신도심 모두 접근성이 뛰어나, 검단의 심장과도 같은 곳이었다. 검단 주민들은 그곳에 대형 종합병원이 유치될 것으로 알고 있었다. 주민들의 반발은 거셌다. 땅이 쪼개지면 사실상 대형 병원 유치는 물 건너가는 것이나 다름없었기 때문이다. iH는 분할 매각의 배경을 두고, '전체 부지를 한 번에 사들일 대형 병원이 나타나지 않으니, 작은 규모의 병원이라도 유치하는 것이 현실적'이라는 어처구니없는 이유를 내놨다.

하지만 그 이면에는 다른 속내가 있었다. 당시 iH는 인천시로부터 1,700억 원에 달하는 복합 청사 건물 매입을 압박받고 있었다. 검단의 의료 부지를 쪼개 팔면, 약 350억 원의 유동자산을 손쉽게 확보할 수 있었다. 검단의 미래가 인천시와 인천도시공사의 부채 떠넘기기를 위한 수단으로 전락하고 있었던 것이다.

이야기를 듣자마자, iH 판매부서 담당자를 불렀다. 해당 지역구 김명주 인천시의원이 함께했다. 그러고는 주민 동의도 없이 어떻게 마음대로 땅을 쪼개서 파냐고 캐물었다. iH는 주민들의 의료접근성이 시급하다고 했다. 주민들의 의사를 묻지도 않았으면서, 그런 판단을 했다는 것이 기가 찰 노릇이었다. 그야말로 탁상행정이었다. 김명주 시의원과 나는 모경종 국회의원이 이 사안을 매우 엄중하게 보고 있으니, 입찰이 시작되기 전에 당장 입찰 공고를 중단하라고 엄포를 놨다.

의원실의 강력한 항의와 주민들의 목소리에 부담을 느낀 iH는 2주 만에 공고를 취소했다. 일단 한숨 돌렸지만, 그들은 빠른 시일 내에 다시 공고를 할 수밖에 없다는 단서를 남겼다.

iH가 완전히 입장을 바꾼 것은 아니었지만, 당장은 시간을 벌었다고 생각했다. 모경종 의원은 우선 우리가 대형 종합병원 유치전에 나서, iH가 분할 매각을 철회할 명분을 만들자고 했다. 분할 매각 공고가 보류된 시점부터 여러 대형 종합병원 관계자들을 만나 의료 부지가 가진 잠재력을 설명하고 투자 의향서를 받아내려 애썼다. 그들도 땅의 가치에는 공감했지만, 수천억 원이 오가는 결정을 단기간에 내리기는 역부족이었다.

결국 한 달 만에 iH는 다시 매각 공고를 냈다. 이번에는 '순위별 분할 매각'이라는 꼼수를 더했다. 1, 2순위로 전체 매각을 시도하고, 유찰될 경우 3순위로 쪼개서 팔겠다는 것이었다. 그리고 2025년 3월 14일, 우려했던 일이 현실이 됐다. 전체 부지의 3분의 1에 대한 낙찰자가 결정된 것이다.

솔직히 나는 더 이상 할 수 있는 게 없을 것 같다고 생각하며 낙담했다. 이미 낙찰받은 병원이 있는데, 공기업인 iH가 정당한 계약을 자의적으로 파기할 방법은 없었다. 하지만 모경종 의원은 달랐다. 그는 "해보는 데까지 해봐야 한다"며, 의료 부지 앞에서 천막이라도 치고 농성을 하자고 했다. 당시 내 귀에는 그 제안이 그저 대책 없는 '이상'과 '상상'으로만 들렸다. 무리수라고 생각했지만, 의원의 의지는 완강했다. 이제는 싸워야 할 시간이었다.

어차피 할 거라면, 이기는 싸움을 설계해야 했다. 나는 먼저 모경종 의원에게 텅 빈 의료 부지 대신, iH 검단신도시 홍보관 앞에 천막을 치자고 제안했다. 그리고 입찰 과정의 허점을 파고들고, 시민단체의 릴레이 기자회견과 언론전을 통해 여론을 움직이는 전략을 짰다. 쌀쌀한 날씨에 동료인 정명 선임비서관과 박소연 비서관이 천막을 지키는 동안, 나는 사무실에서 또 다른 전투를 준비했다.

입찰 과정을 들여다보던 중, 놀라운 사실을 발견했다. 분할 매각 입찰에는 총 3명이 참여했는데, 이들이 모두 같은 병원에서 일하는 의사들이었던 것이다. 하나의 업체가 여러 관련인을 동원해 당첨 확률을 높이는 이른바 '벌떼 입찰' 의혹이었다. 김명주 시의원은 시정 질의를 통해 이 문제를 공론화했고, 언론도 연일 의혹을 보도하며 열을 올렸다. 하지만 관련 법령을 검토한 결과, 규정상 아무런 문제가 없었다.

물론, 앞으로 유사한 '벌떼 입찰'을 막기 위한 제도를 새로 만들 수는 있었다. 하지만 그것은 미래의 일일 뿐, 당장 눈앞의 문제를 푸는 데는 아무런 도움이 되지 않았다. 법을 개정하는 데는 수개월, 혹은 수년이 걸리기도 하고, 무엇보다 법은 소급하여 적용되지 않기 때문에 이미 낙찰자가 결정된 이 사안에는 효력이 없었다.

결국 믿을 것은 주민들밖에 없었다. 모경종 의원은 연일 지역 시민단체들과 연대하여 기자회견을 진행하며 iH와 인천시를 압박했다. 마침내 계약 당일, 극적인 소식이 전해졌다. iH가 입찰계약을 잠정 보류하기로 한 것이다. 계약 취소가 아니라, 계약을 미루기로 한 것이지만, 인천시, iH, 낙찰자까지 주민들의 반발을 엄중하게 보고 있다는 증거였다. 나름의 성과에 천막농성도 잠정 중단했다.

이후 한참 동안 협의를 이어갔다. 한 달여 뒤, iH의 업무보고 자료를 받고 쾌재를 불렀다. 보고자료에는 이렇게 적혀 있었다.

낙찰자는 iH와 의료복합시설용지 계약하지 않기로 결정. 향

후 iH는 전체 부지를 대상으로 매각을 추진할 계획이며, 상
급종합병원 유치가 현실화될 때까지 매각을 잠정 보류.

결국 주민들의 승리였다. 그리고 모경종이라는 정치인의 '이
상'과 '상상'이 현실의 벽을 무너뜨렸다. 정치는 때로 불가능
해 보이는 상상에서 시작되어, 그것을 현실로 만드는 대안의
과정으로 이어진다. 보좌진이 그 과정을 함부로 불가능하다
고 판단해서는 안 된다는 것을 이때 다시 배웠다.

불가능을 협상하다

의료 부지 문제가 일단락된 지 얼마 지나지 않아, 더 어려운
싸움이 시작되었다. 검단신도시의 '물류유통 3부지'에 초대형
물류센터가 들어서는 계획이 다시 추진된다는 소식이었다.

이미 검단신도시에는 대형 물류센터가 하나 들어서 있었
다. 주민들은 그곳에서 나오는 대형 트럭들로 인해 원당대로
와 드림로의 교통체증, 소음, 분진 피해를 호소하고 있었다.
그런데 기존 물류센터의 1.8배에 달하는, 약 2만 평 규모의 거
대한 물류창고가 주거 단지 바로 옆에 또 들어선다는 계획에
주민들은 크게 반발했다. 심지어 부지 반경 300m 안에는 초
등학교가 있었고, 20m 도로 하나를 사이에 두고는 3,700세

대에 달하는 아파트 단지가 건설 중이었다.

LH(한국토지주택공사)는 이미 2022년에 민간사업자인 A사를 우선협상대상자로 선정해 사업협약까지 체결한 상태였다. 주민과 정치권의 반대로 잠시 중단되었던 사업이, A사가 2024년 다시 인허가를 신청하며 불씨를 되살려낸 것이다. 민간의 재산권이 걸린 문제를 뒤집는 것은 훨씬 더 어려운 일이었다.

주민들의 반대는 극심했지만, 이번 싸움은 의료 부지 때와는 차원이 달랐다. 국토교통부, LH, 인천시, 인천 서구, 사업자인 A사까지 이해당사자가 여럿이었고, 그들 각자 다른 이해관계가 있었기 때문이다.

이 문제의 핵심은 '행정 절차상 하자'를 찾아내는 것이었다. 하지만 각 기관이 절차상 하자가 있었다고 인정하는 순간, 해당 기관이 독박을 써야 하는 상황이 벌어지는 현실이었다. 그러다 보니 그들 모두 물류창고 철회에는 동의하면서도 "우리 기관에서 발생한 절차상 문제는 없다"는 입장만 반복했다.

각 기관이 절차적 하자를 인정할 때까지 기다리기보다는 직접 찾아내야 했다. 그래서 발견한 것이 인천서구 자문변호사들의 검토 자료였다. 해당 자료를 입수하는 데에는 이영철 인천서구의원의 역할이 컸다.

당초 해당 부지는 '주거 및 공원 용지'였다. 그러나 2015년,

LH가 개발계획을 변경하며 '도시지원시설 지원 및 연계기능 입주를 위한 물류유통시설용지'로 용도가 변경되었다. 다수의 자문변호사는 개발계획 변경의 목적이 '도시지원시설 지원 및 연계기능'이므로, 그 목적으로만 사용되어야 한다고 지적했다. 즉, 전국 단위의 물품을 실어 나르는 거대 물류창고는 검단신도시 주민을 '지원'하거나 '연계'하는 기능이 없으므로, 당초 개발계획 변경 사유에 맞지 않는다는 것이다. 이는 "택지를 공급하려는 자는 실시계획에서 정한 바에 따라 택지를 공급하여야 한다"고 명시된 〈택지개발촉진법〉 제18조를 위반한 소지가 다분했다. 모경종 의원은 이 자료를 바탕으로 서구와 인천시에 국토부의 감독권 발동을 요청하라고 촉구했다.

그러나 이 정도 압박으로는 역부족이었다. 국토부는 절차상 문제가 없으니 리츠(REITs) 영업 인가를 내줄 수밖에 없다고 했고, 인가가 나면 서구청은 건축허가 단계에서 버텨야 했다. 하지만 그때가 되면 A사 측은 행정소송을 걸 것이고, 절차상 흠결이 없는 이상 승소하여 계획대로 물류센터를 짓게 될 것이 불 보듯 뻔했다.

설상가상으로, 국토부 역사상 '주민 반대'를 이유로 리츠 인가를 내주지 않은 전례가 단 한 번도 없었다. 만약 그런 선례가 생기면, 앞으로 데이터센터처럼 사회적으로 필요하지만 주민들이 반대하는 시설은 전국 어디에도 짓지 못하게 될 수 있다는 우려 때문이었다. 모든 문이 닫혀 있는 듯했다.

나는 모경종 의원에게 "의료 부지 때와는 다르다. 이번 건은 철회가 어려울 것 같다"고 솔직하게 보고했다. 하지만 이번에도 그는 포기하지 않았다. 이런저런 아이디어를 던지며 계속해서 방법을 찾아보라고 독려했다. 주민들의 굳건한 의지를 믿자고 했다. 다시 마음을 다잡고 국토부를 비롯한 관계 기관들과 어떻게든 방법을 찾기 위한 협의를 시작했다.

그러던 중 모경종 의원이 제안했다. "이렇게 각자 다른 소리만 할 거면, 이해당사자들을 한자리에 다 모아봅시다."

그렇게 국회에서 국토부, LH, 인천시, 서구의 책임자들이 모두 모인 간담회가 열렸다. 비공개로 진행된 그 자리에서 각 기관은 처음으로 서로의 속내를 허심탄회하게 털어놓았다. 여전히 입장 차는 컸지만, 문제 해결의 실마리가 보이기 시작했다.

간담회 이후, 나는 국토부를 설득하는 데 집중해야 한다고 판단했다. 이 복잡하게 꼬인 실타래를 중재할 역량과 권한을 가진 곳은 국토부밖에 없었기 때문이다. 특히 담당자에 대한 평가를 수소문한 결과, 부처 내외에서 '해결사'라는 평가가 많았다.

결국 그를 설득하면 해결의 실마리가 보일 것만 같았다. 나는 검단 지역 주민과 모경종 의원의 강력한 반대 의사를 전달하고 설득하는 한편, 인간적이고 감정적인 호소도 함께했다.

그 과정에서 모경종 의원의 실용주의적인 태도가 빛을 발했다. 통상 국회의원은 장관이나 차관, 국장급을 만나지만, 모 의원은 문제 해결을 위해 필요하다면 주무관이 와서 보고하는 것도 마다하지 않았다. 관례보다 실무가 중요하다는 것이 그의 입장이었고, 그를 보좌하며 배운 최고의 자산 중 하나도 규범에 얽매이지 않는 실무정신이다.

결국 끈질긴 노력과 국토부의 중재 끝에, 사업자인 A사가 먼저 백기를 들었다. 계속되는 주민 반대와 정치권의 압박, 그리고 사업 자체의 불확실성에 부담을 느낀 그들이 LH에 사업협약 해지를 요청했고, LH가 이를 수용하면서 불가능해 보였던 싸움은 끝이 났다.

이번에도 정치인의 '이상'과 '상상'이 통한 순간이었다. 그 뒤에는 주민들이 똘똘 뭉쳐 반대를 위한 행동으로 버텨주고 있었다. 정치인의 비전 제시와 전략적 판단이 주민들의 굳건한 연대와 행동을 만나 비로소 불가능의 벽을 넘어설 수 있었던 것이다.

결국 정치인은 주민들이 적극적으로 활용하고 이용해야 하는 도구다. 그리고 그 도구를 더 날카롭고 강력하게 만드는 원동력은, 도구를 사용하려는 주민들의 끈질긴 노력과 연대에서 나온다. 정치의 문턱에서 바라본 세상은 그렇게 작동하고 있었다.

민주당이 그려낸 일산의 미래

지역 정책을 말할 때면, 내가 보좌진으로서 청춘을 바쳤던 일산의 사례를 빼놓을 수 없다. 나는 20대와 21대 국회에 걸쳐, 고양시 일산서구를 지역구로 둔 김현미, 이용우 두 국회의원을 보좌했다. 정치적 평가는 각자의 몫이겠지만, 두 의원 모두 지역 발전에 대한 남다른 애정과 비전을 가졌음은 분명했다.

김현미 의원은 일산의 미래를 위한 거대한 밑그림을 그렸다. 수도권 외곽 도시의 숙명과도 같았던 교통 문제를 해결하기 위해 GTX-A 신설, 서해선 일산 연장, 인천2호선 고양 연장이라는 불가능에 가까워 보였던 3개의 광역철도망을 본 궤도에 올렸다. 동시에 일산테크노밸리, 방송영상밸리, 킨텍스 제3전시장, K-컬처밸리 등 굵직한 산업의 축을 세워, 일산이 자족도시로 나아갈 기틀을 마련했다.

바통을 이어받은 이용우 의원은 경영 전문가로서의 역량을 십분 발휘했다. 그는 기업이 무엇을 원하는지 정확히 꿰뚫었고, 수많은 네트워크를 활용해 김현미 의원이 그린 밑그림에 정교한 색을 입히기 시작했다. 특히 문화체육관광부의 IP융복합콘텐츠클러스터 공모사업을 유치해 일산테크노밸리, 방송영상밸리와의 산업 연계 고리를 완성했다. 그의 임기 동안, 지난 시절 일산의 숙원사업들이 비로소 착공이라는 결실을 맺었다.

특히 현재 지역구를 이어받은 김영환 국회의원은 2016년 경기도의원 당시 일산테크노밸리 유치에 공을 세운 주역이었고, 킨텍스 제3전시장 건립 예산을 마련하기 위해 '특별회계'를 조성하는 창의적인 아이디어를 내 경기도의회에서 만장일치 통과까지 이끌어냈다. 또 경기도시공사로부터 방송영상문화콘텐츠밸리 개발이익의 지역 재투자 약속을 받아낸 것 역시 그의 집요한 노력의 성과였다.[18] 민주당이 일산에서 시작한 사업을 성공적으로 완성해낼 적임자인 셈이다. 지금은 지역에 잔뼈가 굵은 지역구 국회의원으로서, 일산을 세계가 주목하는 문화산업도시로 만들겠다는 포부를 안고 있다.

내가 처음 보좌진으로 일하던 시절 황량했던 부지 위로, 이제는 거대한 크레인이 쉴 새 없이 움직인다. 물론 이 모든 성과가 있기까지의 과정은 순탄치 않았다. 수년간 더디게만 느껴졌던 사업 진척에 많은 주민은 "도대체 언제 되느냐"며 질책하기도 했다. 하지만 그 치열했던 시간들 끝에, 마침내 지난해 GTX-A와 서해선 연장선이 개통했다.

요즘 그 열차에 몸을 실을 때면 감회가 새롭다. 올해 더불어민주당 전당대회가 열린 킨텍스에서 한창 삽을 뜨기 위해 분주한 킨텍스 제3전시장 예정부지를 볼 때도 마찬가지였다. 국회의원의 보좌진으로서 정부부처, 지방자치단체, 공공기관, 기업관계자 등과 치열하게 토론하고 고민했던 산물이 도시의 지도를 바꾸고, 시민들의 일상을 바꾸는 모습을 보는 것만큼 큰 보람은 없다.

이제 일산에서 남은 마지막 퍼즐은 인천2호선의 연장이다. 공교롭게도 그 인천2호선은 지금 내가 일하는 검단을 향한다. 마치 운명처럼, 일산에서 시작된 과제를 검단에서 이어받게 된 셈이다. 검단 역시 서울지하철 5호선 연장, GTX-D와 같은 교통망 확충이라는 눈앞의 과제와 함께, 도시의 정체성을 만들고 미래 먹거리를 책임져야 할 묵직한 숙제를 안고 있다. 일산의 황무지 위에 미래를 그렸던 경험을 바탕으로, 이제는 검단에서 다시 한번 치열하게 뛸 때다.

1988년 서울올림픽, 2002년 한일월드컵, 2018년 평창동계올림픽 등 대한민국이 성공시킨 이 거대 프로젝트들의 핵심 성공 요인은 전임 대통령과 재임 대통령 간 상호존중과 신뢰에 있었다. 정권이 바뀌어도 국가적 목표는 흔들리지 않았기에 가능했던 일이다. 지역 발전 역시 마찬가지다. 지역구 국회의원이 바뀌더라도 지역의 미래를 위한 큰 그림은 중단 없이 이어져야 한다. 그런 의미에서 일산은 성공 방정식을 충실히 따라온 모범 사례다.

6
현실 왜곡에 맞서는 시민의 힘

본질을 가리는 창, 프레임

앞선 장에서는 나는 문제의 본질을 파고들 때 비로소 대안이 보인다고 주장했다. 규정과 관행이라는 껍데기를 벗겨내고 문제의 속살을 마주하는 것이 정치의 중요한 역할이라는 의미였다.

하지만 현실의 정치는 종종 정반대의 길을 걷는다. 문제의 본질을 드러내기보다 오히려 본질을 가리고 왜곡하는 강력한 '프레임(frame)'을 만들어낸다.

프레임은 복잡한 세상을 단순하게 보도록 만드는 창과 같다. 그 창을 통해 세상을 보면 누구는 선하고 누구는 악하며, 무엇이 문제고 무엇이 해결책인지 명쾌해 보인다. 판단은 쉬

워지지만, 진실에서는 멀어진다.

 현대 우리 사회의 문제를 단순한 프레임에 담기에는 너무나 복잡하고 다층적이다. 우리가 매일 마주하는 사소한 것들조차, 그 이면에는 여러 이해관계가 촘촘하게 얽혀 있다.

우리는 무엇을 소비하는가?

우리가 매일 마시는 물을 걸러주는 '정수기'를 떠올려보자. 이 정수기는 어떤 산업에 속해 있을까? 플라스틱 몸체와 정교한 필터, 냉각 장치까지, 대부분의 사람은 망설임 없이 '제조업'을 떠올릴 것이다. 물론 틀린 말은 아니다. 하지만 현대 정수기는 단순한 '제조된 제품'이 아니다.

 아마 많은 가정은 정수기를 돈 주고 구매하기보다 '렌탈' 방식으로 매달 요금을 내고 있을 것이다. 렌탈 계약을 하는 순간, 정수기는 단순한 공산품을 넘어 여러 산업이 촘촘하게 얽힌 복합적인 상품으로 변한다.

 첫째, 정수기는 '서비스업'의 영역으로 확장된다. 제품은 '판매'되는 것을 넘어 '관리'된다. 정기적으로 정수기 필터를 교체하고 위생을 점검해주는 '코디네이터'는 제조업 종사자가 아닌 서비스업 종사자다. 소비자는 제품을 구매하지만, 실은 깨끗한 물을 지속적으로 마실 수 있는 서비스를 구독하는 셈이다. 제품의 가치는 이제 공장에서 나오는 순간 완성되는 것이 아니라, 사용하는 내내 서비스를 통해 유지되고 발전한다.

둘째, 최신 정수기는 플랫폼 산업의 단말기 역할을 한다. 사물인터넷(IoT) 기술로 스마트폰 앱과 연결되어 물 사용량을 체크하고, 필터 교체 시기를 알려주며, 원격으로 작동하기도 한다. 기업은 이 데이터를 통해 소비 패턴을 분석하고, 개인 맞춤형 서비스를 개발하며, 나아가 다른 가전제품과의 연결을 시도한다. 정수기는 이제 데이터를 생산하고 유통하는 거대한 플랫폼 생태계의 일부가 된 것이다.

마지막으로 이 모든 과정은 '금융업'의 논리 위에서 작동한다. 월 3만 원의 렌탈료는 소비자에게는 구독료지만, 기업에게는 미래에 발생할 현금 흐름을 예측 가능하게 만드는 금융상품과 같다. 기업은 수십만 가구로부터 매달 들어올 안정적인 현금 흐름을 담보로 자금을 조달하고, 기술 개발에 재투자하며, 새로운 사업으로 확장한다. 정수기 한 대의 계약서 안에는 미래 가치를 현재로 끌어오는 복잡한 금융의 논리가 숨어 있다.

이처럼 정수기 한 대에는 제조, 서비스, 플랫폼, 금융산업이 떼려야 뗄 수 없는 하나의 사슬로 얽혀 있다. 경제를 다룰 때, 단순히 '제조업 활성화'나 '서비스업 육성' 같은 단일한 구호만으로는 이 복잡한 연결고리를 설명할 수 없게 된 것이다.

경제학에는 "앵무새에게 '수요와 공급'이라는 두 단어만 가르치면 경제학자로 만들 수 있다"라는 우스갯소리가 있다. 과거 단순한 시장경제를 설명하는 데는 그 두 단어만으로도 충분했을지 모르지만, 현대경제는 너무나도 복잡하고 다양하다. 편협한 이론만으로는 지금의 현실을 이해할 수 없다.

앵무새의 경제학, '호텔경제학' 논란

2025년 제21대 대통령 선거 당시, 정치 현장의 한복판에 있던 나에게 가장 흥미로우면서도 씁쓸했던 논쟁이 있었다. 바로 '호텔경제학'이다. 경제학을 전혀 모르는 사람부터 전문가를 자처하는 이들까지, 모두가 이 단어를 입에 올렸다. SNS는 커다란 경제학 강의장이 되었고, 댓글창은 토론장으로 변했다. 정치인의 한마디가 이토록 격렬한 논쟁을 불러일으킬 수 있다는 사실이 놀라웠다. 그런데 정작 논쟁의 중심에 있던 '호텔경제학'이 무엇인지, 왜 문제가 되었는지 제대로 아는 사람은 많지 않아 보였다.

사건의 발단은 2017년으로 거슬러 올라간다. 당시 성남시장이었던 이재명은 기본소득과 지역화폐 등 정부의 재정정책의 효과를 설명하기 위해 한 편의 영상을 올렸다. 내용을 요약하면 대략 이렇다.

경제라고 하는 건 순환입니다. 어떤 마을에 아주 심각한 불황이 닥쳤습니다. 그때 마침 한 여행객이 그 마을을 찾아옵니다. 그리고 호텔에 들어가서 카운터에 예약금 10만 원을 냈습니다.

그러자 호텔 주인이 그동안 수리하지 못했던 침대를 수리하기로 했습니다. 침대가게에 침대 수리를 요청하고 10만 원을 지출했습니다. 이 침대가게 주인은 오랜만에 받은 돈으로 고기를 사먹기로 했습니다. 정육점에서 고기를 10만 원을 샀습니다. 정육점 주인도 오랜만에 벌게 된 돈으로 통닭을 10만 원어치 사먹었습니다.

통닭집 주인은 오래전에 호텔에 진 빚이 있었습니다. 오랜만에 통닭을 판 돈으로 호텔 주인에게 외상값을 갚았습니다. 그래서 호텔 주인은 10만 원을 돌려받았습니다. 그런데 갑자기 여행객이 다시 돌아와 10만 원을 환불을 요청해서 환불을 해줬습니다.

결국 이 마을에 들어온 돈은 없습니다. 그러나 네 개의 가게에 매출이 생겼습니다. 이게 바로 경제입니다.

10년 가까이 지난 영상이 2025년 대선에서 갑자기 화제가 된 것은 TV토론 당시 이준석 개혁신당 후보의 공격 때문이었다.

이준석: 지금 이재명 후보에 대해서 많은 지적이 들어오는 게 호텔경제학이라고 들어보셨습니까?

이재명: 본인이 지어낸 말이죠. 그건 성장을 말한 게 아니고 경제 순환이 필요하다는 걸 극단적으로 단순화해서 설명한 거예요.

이준석: 경제 순환을 했을 때 이게 결국에는 '케인지언 승수효과' 같은 것을 노리고 하신 말씀이십니까? 아니면 어떤 취지입니까?

이재명: 승수효과 얘기를 한 거죠. 예를 들면 돈이란 고정돼 있으면 있어도 없는 거와 같죠. 근데 한 번 쓰여지느냐 두 번 쓰여지느냐 세 번 쓰여지느냐에 따라서 제가 순환이 되면 그 자체에서도….

이준석: 그런데 이 그림 그리신 걸 보면 도는 과정에서 돈이 사라지지 않고 계속 그 한계의 소비 성향이 1로 해서 계속 돌거든요. 무한 동력입니까? 그러면?

이 논쟁을 제대로 이해하려면, 먼저 이재명 후보가 제시한 비유가 가진 경제학적 모순점들을 객관적으로 짚어볼 필요가 있다.

첫째, 모든 사람이 돈을 벌자마자 전액을 소비하는 행위는 현실에 존재하지 않는다. 사람들은 소득이 생기면 일부는 저

축하고, 일부는 빚을 갚는다.

둘째, 돈이 돌기만 할 뿐 새로운 부가가치가 창출되는 '생산'의 과정이 생략되어 있다. 케인스가 말한 '승수효과'의 핵심은 정부지출이 연쇄적인 '생산과 소비' 활동으로 이어지는 데 있다. 하지만 이 비유에서 생산과 소비의 과정이 강조되지 않았다.

셋째, 이 비유는 '아무도 손해 보지 않았다'는 치명적인 착각을 전제한다. 호텔 주인은 통닭집 사장에게 10만 원의 외상값을 받았지만, 관광객이 10만 원을 환불하면서 결국 자신이 가지고 있던 돈으로 침대를 수리하게 되었다. 금전적인 손해는 아니지만, 결국 돌았던 10만 원은 호텔 주인의 돈이다.

이처럼 학문적 엄밀성의 잣대로 보면, 이 비유는 여러 허점을 가지고 있다. 그럼에도 불구하고, 이 비유가 던지는 본질적인 메시지는 변하지 않는다. 비록 일시적이었을지라도, 꽉 막혀 있던 마을 경제에 돈이 돌기 시작했다는 사실이다.

이러한 현상을 설명하는 경제학적 개념이 바로 '승수효과(multiplier effect)'다. 승수효과란 정부지출이나 투자처럼 경제 시스템에 새로 투입된 돈이 연쇄적인 소비와 생산을 일으켜, 경제 전체에 더 큰 영향을 미치는 현상을 의미한다.

앞서 지적한 모순점들은 논리 자체를 흔드는 결함이라기보다 '경제는 순환이 중요하다'는 단 하나의 핵심 메시지를 전달하기 위해 다른 모든 변수를 의도적으로 제거한 설명의 장치로 봐야 한다. 이는 경제학 교과서 첫 장에 어김없이 등장하는 '세테리스 파리부스(ceteris paribus)', 즉 '다른 모든 조건이 같다면'이라는 가정과도 유사하다.

'세테리스 파리부스'는 특정 변수의 효과를 보기 위해 나머지 현실 변수들을 고정시키는 학문적 약속이다. 예를 들어, "가격이 오르면 수요가 줄어든다"라는 경제학의 수요법칙에는 "모든 조건이 같다면"이라는 가정이 숨어 있다.

이재명 후보의 비유 역시 마찬가지로, '현실에 없는 극단적 조건'들을 설정했다. 그리고 복잡한 현실 세계를 설명하기 위해 수많은 현실 조건을 '생략'했다. 이준석 후보는 이 지점을 파고들었다. 만일 이준석 후보의 논리대로, '설명을 위한 가정의 암묵적 생략'을 지적한다면, '가격이 오르면 수요가 줄어든다'는 경제학의 기본 원리도 틀렸다고 지적해야 맞다.

하버드에서 경제학을 전공한 이준석 후보가 '승수효과'의 개념이나, 설명을 위해 동원한 '극단적 가정'의 의미를 모를 리 없었을 것이다. 나는 그가 토론의 본질을 정면으로 다루는 대신, 비유가 가진 허점, 즉 설명을 위해 의도적으로 생략된 전제를 물고 늘어지는 전략을 의도적으로 택했다고 확신했다. '경제 순환의 중요성'이라는 핵심 메시지를 반박하는 대신, 메시지를 담은 그릇을 깨부숴 논쟁 자체를 무의미하게 만든 것이다.

'호텔경제학' 논란은 정치에서 프레임의 힘이 얼마나 강력한지, 그리고 복잡한 현실 앞에서 우리가 얼마나 쉽게 단순한 구호에 현혹되는지를 보여준 상징적인 사건이었다. 경제는 '수요와 공급'만으로 설명할 수 없을 만큼 복잡다단해졌지만, 사람들은 종종 더 단순한 답과 선명한 구분을 원한다.

합리성을 내세우던 젊은 정치인 이준석은 바로 이 지점을 교묘하게 파고들었다. 그의 편협한 시각과 말꼬리 잡기 전략은 실망스러웠지만, 정치적으로는 성공을 거두었다. 자세히 살펴보면 '호텔경제학'보다 '이준석 경제학'이라 부르는 것이 더 적합했을 테지만, 그가 만든 '호텔경제학'이라는 프레임이 대선 내내 이재명 후보를 따라다니며 정책의 본질에 대한 진지한 토론을 실종시켜버렸기 때문이다.

정책의 본질보다 현실을 왜곡하는 프레임이 더 잘 작동하는 것, 이것이 우리 정치 담론의 슬픈 현실이다.

퍼주기 공포증, 그리고 우리의 이중 잣대

경제학 이론을 조금만 살펴보자. 경제성장이란 국내총생산(GDP)이 증가하는 현상을 말한다. GDP는 "일정 기간 동안 한 나라에서 생산된 모든 최종생산물과 서비스의 시장가치의 합"으로 정의할 수 있다. 쉽게 말해 소비하고 투자하는 돈은 물론, 해외에 수출해서 벌어들이는 돈과 정부가 쓰는 돈까지도 모두 포괄한다.[*]

GDP 구성요소의 비중이 어떻게 형성되어 있는가에 따라, 한 국가 경제의 구조적 특징을 파악할 수 있다. 대표적으로 미국은 소비가 경제를 이끄는 내수 중심 국가이며, 중국은 대규모 투자를 통해 성장하는 국가다.[**] 반면 우리나라는 수출 비중이 높아 대외 여건에 민감한 수출 주도형 경제 구조를 가지고 있다.

여기서 정부가 쓰는 돈인 정부지출은 직접적으로 총수요를 확대하여 경제 전체의 경기변동을 조절하는 기능을 갖는다. 쉽게 정리하자면, 경기침체로 소비와 투자 등이 위축되었을 때, 정부가 의도적으로 재정을 지출하고 성장의 마중물이 되어줘야 한다는 의미다.

---

[*] Y(GDP의 지출측면) = C(소비) + I(투자) + G(정부지출) + NX(순수출); 소비(C)는 가계와 개인이 재화와 서비스를 구매하는 지출을 의미하며, GDP에서 큰 비중을 차지하는 경우가 많아 경제성장에 가장 큰 영향을 미친다. 투자(I)는 설비, 기계, 건물, 주택 등 기업과 가계가 미래성장을 위해 사용하는 지출이며, 장기적 경제성장 토대가 된다. 정부지출(G)은 공공서비스(국방, 행정 등)를 제공하거나 사회간접자본을 건설하기 위해 직접 재화와 서비스를 구매하는 지출이다(단, 연금이나 수당 같은 이전지출은 제외된다). 순수출(NX)은 수출액에서 수입액을 뺀 순수출액을 말한다.

[**] 그중 대부분은 통계적으로는 정부지출에 잡히지 않는 정부 주도의 투자다.

재정지출을 어떻게 해야 가장 효과적인지에 대해서는 여러 논의가 많지만, 결국 경기가 어려울 때 정부가 나서야 한다는 명제는 대부분의 경제학자들도 동의한다.

이처럼 교과서적으로는 명백한 정부의 역할을, 우리는 왜 현실에서 그토록 불신하는 것일까? 여기에는 '퍼주기 공포증'이라 부를 만한 한국 사회 특유의 집단적 불안감이 자리 잡고 있다. 정부가 재정을 투입해 국민을 직접 지원하는 행위 자체를 비효율적인 낭비이자 도덕적 해이를 유발하는 포퓰리즘으로 규정하는 경향이다.

퍼주기 공포증은 코로나19 팬데믹이라는 전례 없는 경기 침체 국면에서 가장 극명하게 드러났다. 먼저, 2008년 글로벌 금융 위기 이후 대다수의 국가는 이미 오랜 기간 저금리 기조를 유지해왔다. 팬데믹이 닥쳤을 때는 이미 금리가 제로에 가까워 더 이상 내릴 여력이 없는 상태였다. 중앙은행이 할 수 있는 가장 기본적인 수단이 무력화된 상황에서, 각국 정부가 기댈 수 있는 버팀목은 재정정책뿐이었다. 즉, 팬데믹 시기의 재정지출은 선택의 문제가 아니라, 유일하게 남은 해법이었던 셈이다.

선진국들은 가계와 기업에 대한 직접적인 소득 보전에 초점을 두고 재정을 활용했다. 미국은 성인 1인당 1,200달러의 현금을 직접 지원하고, 실업수당을 인상·연장하는 등 가계 소득을 직접 보조하는 방식을 택했다. 유럽 역시 마찬가지였다. 영국은 정부가 급여의 80%를 부담하는 '직업유지프로그램'을 도입했고, 독일과 프랑스는 고용유지 지원금과 자영업자 보조금을 대폭 확대했다. 이처럼 이들 국가의 대응은 해고를 막고 소득 감소의 충격을 최소화하기 위해, 정부 재정을 가계와 기업에 직접 투입하는 데 초점이 맞춰져 있었다.

반면 한국은 소비와 투자가 얼어붙고 자영업자들이 벼랑 끝으로 내몰리는 상황에서도, 정부의 재정지출을 촉구하는 목소리보다 반대하는 목소리가 유독 높았다. 나라 곳간이 텅 빈다거나, 미래 세대에 빚을 떠넘긴다는 비판이 쏟아졌고, 우리 정부는 확장적 재정정책에 소극적으로 대응할 수밖에 없었다.

그 결과 긴급재난지원금을 포함한 직접적인 재정지출 규모는 GDP의 1%를 조금 넘는 수준으로, 미국(6.3%), 독일(4.4%) 등에 비해 현저히 작았다. 대신 정부는 100조 원 규모의 '민생·금융 안정 패키지 프로그램'을 중심으로, 자영업자와 중소기업에 대한 대출 만기 연장이나 원리금 상환 유예와 같은 간접적인 금융지원에 더 무게를 두었다.[19]

그 결과는 예상 밖이었다. 당시 코로나19로 전 세계의 경제성장률 전망이 크게 떨어졌지만, 한국의 경제성장률 전망치는 -0.8%를 기록했다. 비록 마이너스 성장이긴 하지만, OECD 회원국 중 1위였다.[20] OECD는 "한국이 봉쇄 조치도 없이 방역

에 성공했고 경제도 가장 선방했다"고 평가했다.[21]

그렇다면 재정지출에 소극적이었던 한국 경제는 어떻게 상대적으로 선방한 것처럼 보였을까? 정부가 져야 할 빚을 자영업자들이 대신 짊어졌기 때문이다. 다른 나라들이 국가부채를 늘려가며 소상공인·자영업자의 손실을 보상하고, 전 국민을 대상으로 현금성 지원을 늘려 소비를 촉진한 반면, 우리는 자영업자들이 스스로 빚을 내도록 하고, 저금리 대출, 만기연장과 같은 금융지원에 집중하며, 그들이 버티는 구조를 택했다.

이것이 K-방역의 진짜 모습이었다. 정부는 재정 건전성을 지켰고, 자영업자들은 빚더미에 올랐다. 코로나 펜데믹으로 인한 고통은 전 국민에게 해당하는 것이었지만, 자영업자들에게는 더욱 가혹한 고통으로 다가왔다. 국제사회의 찬사 뒤편에서 자영업자들은 조용히 무너져갔다.

자영업자라는 시한폭탄과 마중물의 경제학

경제는 순환이다. 우리 몸의 혈액이 막힘없이 흘러야 건강을 유지하듯, 경제 역시 돈이 돌아야 활력을 잃지 않는다. 그리고 현재 우리 경제의 가장 약한 고리는 단연 자영업자다.

이들은 코로나19로 진 빚을 아직도 갚고 있다. 금리가 오르면서 이자 부담은 더 커졌다. 매출은 회복되지 않았고, 물가는 계속 오른다. 이대로 가면 대규모 폐업 사태는 정해진 수순이다. 2024년 폐업을 신고한 사업자는 100만 8,000여 명으로, 관련 통계가 집계된 1995년 이래 처음으로 100만 명을 넘어섰다.

근본적인 원인은 구조에 있다. 우리나라의 자영업자 비중은 2023년 기준 23.2%로, 미국(6.1%), 일본(9.5%) 등 OECD 주요국에 비해 월등하게 높다. 내수시장 규모에 비해 과도하게 많은 자영업자가 도소매, 음식점 등 특정 업종에 몰려 과잉 경쟁을 벌이는 현실이다.[22]

이들이 무너지는 순간, 우리 경제는 걷잡을 수 없는 침체의 늪에 빠진다. 소비가 위축되면 자영업자의 소득이 줄고, 이는 가계 소득 감소로 이어진다. 소득이 줄어든 가계는 다시 소비를 줄인다. 기업은 줄어든 소비에 맞춰 생산과 투자를 줄이고, 이는 다시 고용 감소와 소득 감소로 이어지는 악순환을 만든다. 이 악순환의 고리를 끊기 위해 정부가 존재하는 것이다.

따라서 자영업자를 위한 재정지원은 우리 경제의 가장 약한 고리가 끊어지는 것을 막고, 연쇄적인 경제 악순환을 예방하는 최소한의 안전장치다. 시장경제가 제대로 작동하기 위해서는 소비가 멈추지 않아야 하고, 소비가 멈췄을 때 정부가 나서서 마중물을 부어주는 것은 당연한 책무다.

더 현실적인 이유도 있다. 우리 사회의 약한 고리를 방치하면 결국 사회 전체가 더 큰 비용을 치른다. 빈곤이 범죄로 이어지면 치안 비용이 늘어나고, 건강이 악화되면 의료비 부담이 커지며, 교육 기회를 잃으면 미래의 생산성이 떨어진다. 당장의 선제적 대응을 주저하다가는 미래에 감당할 사회적 비용이 기하급수적으로 불어날 수 있다.

물론 재정지출에는 신중한 접근이 필요하다. 재정 건전성에 대한 우려나 일시적인 물가상승 가능성뿐만 아니라, 정책효과 자체의 불확실성 역시 무시할 수 없기 때문이다. 실제로 한국처럼 무역 의존도가 높은 개방경제에서는 재정승수가 1보다 작다는 연구결과가 지배적이고, 심지어 0.15라고 추정한 연구도 있다.[23]

반면, 경기가 어려울 때는 재정의 효과가 극대화된다는 연구가 많다. 경기침체기에는 호황기에 비해 생산자원의 여유가 많고, 금융시장의 경직성 등으로 인해 정부의 수요 창출이 경제를 개선할 여지가 더 크기 때문이다. 실제로 미국은 경기침체기에 정부소비보다 장기적인 생산성을 높이는 정부투자를 중심으로 재정을 지출하여 효과를 거두기도 했다.[24]

결국 관건은 어떻게 재정을 투입할 것인가에 있다. 자영업자들을 위한 정부의 재정지출이 필요하다는 주장은 이 지점에서 나왔다. 하지만 여기서 또 하나의 쟁점이 생긴다. "왜 똑같이 고통받았는데 자영업자만 지원해주냐"는 형평성의 문제다. 물론 자영업자들이 더 큰 고통을 받았다는 것을 마음으로는 인정하지만, 자영업자들만 지원하는 것은 또 다른 갈등을 낳는다. 코로나 때문에 장사가 안 된 것인지, 원래 안 되었던 것인지 구분하는 일도 현실적으로 불가능하다. 또한 지원을 한다고 해도, 당장 빚에 허덕이는 그들에게 현금을 주면 소비로 이어지기보다 빚 갚는 데 쓰여 '경제 순환'이라는 원래의 정책목표를 달성하기 어렵다는 문제도 있다.

이 같은 문제를 동시에 해결하기 위해 고안된 정책이 바로 '전국민 민생회복 소비쿠폰'이다. 모든 국민에게 보편적으로 지급하여 형평성 논란을 피하고, 지역 내 소상공인에게만 사용 가능한 지역화폐로 지급하여 자영업자의 '매출'을 직접 올려주는 방식을 택한 것이다. 소비가 늘고 매출이 늘면, 자영업자들은 빚을 갚을 여력을 얻고 폐업 대신 경제활동을 이어갈 유인이 생긴다.

이렇게 보면, 이재명 정부의 민생회복 소비쿠폰 정책이 효과성 측면에서는 토론의 여지가 있더라도, 형평성과 민생회복이라는 정책목표 달성 측면에서는 합리적인 정책 설계라고 해도 괜찮지 않을까?

부자에게는 투자, 서민에게는 낭비?

앞서 3장에서 포퓰리즘은 무언가를 퍼주는 행위뿐 아니라, 사회적으로 반드시 필요하고 바람직한 방향이 명백함에도, 마땅히 해야 할 일을 하지 않는 것 역시 포함된다고 했다. 재정 건전성도 마찬가지다. 정부가 돈을 마구잡이로 쓰는 것도 재정 건전성을 해치는 행위지만, 정부가 마땅히 받아야 할 돈을 받지 않겠다고 하는 것도 재정 건전성을 해치는 행위다.

윤석열 정부는 2022년 집권 이래 '재정 건전성'을 최우선 순위로 삼았다. 미래 세대의 부담을 키우는 일을 해선 안 된다는 논리였다. 그리고는 모순적이게도 대대적인 '감세정책'을 내놨다.

감세정책의 대상은 국민이 아닌 기업을 향했다. 법인세 부담을 줄여주면 기업들이 투자를 늘리고, 결국 세수에도 선순환이 일어날 것이라는 논리였다. 하지만 이는 당시 우리 경제가 마주한 문제의 본질을 완전히 잘못 진단한 것이었다. 당시 기업들의 투자가 위축되었던 진짜 이유는 높은 법인세 때문이 아니라, 러시아-우크라이나 전쟁과 팬데믹 이후의 세계 경제 재편 과정에서 비롯된 극심한 불확실성 때문이었다.

당시 우리 경제의 진짜 위기는 기업의 투자 여력이 아니라, K-방역의 후유증으로 빚더미에 오른 자영업자와 고금리·고

물가에 신음하는 서민들의 소비 여력이 무너져 내리고 있다는 점, 즉 '민생'이었다. 응급 수술이 필요한 환자는 내수 경제였는데, 정부는 엉뚱하게 기업에 영양제를 처방한 셈이다.

이런 상황에서, 더불어민주당은 전 국민에게 민생회복지원금을 지급하자고 제안했다. 국가재정이 부족하면 빚이라도 내서 민생을 살려야 한다고 했다. 그런데 국민의힘과 윤석열 정부는 '현금 살포성 포퓰리즘'이라며 반대했다. 앞서 살펴본 바와 같이, 국가의 재정정책이 국민의 소비를 촉진해 멈춰버린 시장을 다시 작동하게 만들고, 세수에도 선순환이 일어날 것이라는 논리는 기업 감세의 논리와 똑같은데도 말이다.

심지어 윤석열 정부가 그토록 강조하던 재정 건전성조차 착시에 가까웠다. 3년간 약 100조 원이라는 역대급 세수결손으로 재정이 펑크나자,[25] 국채를 발행하는 대신 실제로는 각종 기금을 끌어다 부족한 세수를 메우고, 지방자치단체에 보내야 할 교부금을 보내지 않는 방식의 '돌려막기'로 대응했다. 정작 필요한 민생에 활력을 불어넣는 재정의 적극적 역할은 포기한 채, 장부상의 건전성만 지키려 했던 것이다.

백번 양보해서 전 국민 민생회복지원금의 효과가 불확실하다고 치더라도, 법인세 감세의 투자 유발 효과 역시 수많은 연구에서 미미하다는 것은 이미 증명된 사실이다. 그런데 왜 기업에 대한 감세는 '투자'이고, 국민에 대한 지원은 '낭비'인가? 똑같이 효과성이 불확실한데, 윤석열 정부는 왜 유독 국민에게만 엄격한 잣대를 들이댔는지, 지금도 이해가 되지 않는 대목이다.

"왜 부자들을 돕는 것은 '투자'라고 하고 가난한 이들을 돕는 것은 '비용'이라고만 말하는가?" 브라질의 노동자 출신 대통령 룰라가 남긴 이 질문은, 지금도 한국 사회가 나아가야 할 길에 근본적인 질문을 던진다.

3부

그날의 위기를 만든 깊은 뿌리

우리는 민주주의라는 시스템을 당연하게 여기지만, 모든 시스템에는 내재된 취약점이 있다. 만약 시스템을 수호해야 할 최고 권력자가 스스로 시스템의 파괴자가 된다면 어떻게 될까. 제도를 파괴하는 제왕적 리더십의 등장은 우리 공동체를 가장 어두운 위기의 밤으로 밀어넣었다. 총구 앞에서, 우리는 질문해야만 했다. 시스템이 무너지는 순간, 우리를 지키는 것은 과연 무엇인가.

"헌법은 잠들지 않는다, 다만 작동할 때를 기다릴 뿐."

7
제도를 파괴한 제왕적 대통령의 등장

정부의 두 가지 의미

한국의 산업화와 민주화를 동시에 이룩한 기적적인 성공의 역사 뒤에는 늘 역대 대통령들의 강력한 리더십이 있었다.[26] 하지만 그들의 임기 말과 퇴임 이후를 돌이켜보면, 대부분 비극적인 결말을 맞았다. 감옥에 가거나, 정치적 비난의 대상이 되거나, 심지어 스스로 목숨을 끊기도 했다.

반복되는 비극의 원인을 우리는 지금껏 '제왕적 대통령제'라는 제도 탓으로 돌려왔다. 하지만 이 익숙한 진단이 과연 우리 정치의 본질을 제대로 설명하고 있는 것일까? 이를 살펴보기 전에, 권력분립이라는 제도가 어떻게 만들어졌는지 그 역사를 되짚어보자.

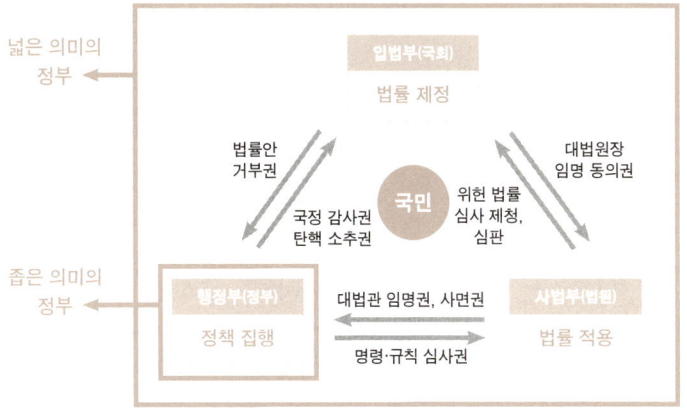

정부의 두 가지 의미

먼저, 우리가 자주 혼동하는 단어 하나를 짚고 넘어갈 필요가 있다. 바로 '정부'다. '정부'는 두 가지 뜻을 가지고 있다. 하나는 대통령을 수반으로 하는 행정부를 지칭하는 좁은 의미의 정부이고, 다른 하나는 입법·사법·행정권을 모두 아우르는 국가의 통치기구, 즉 정부 형태를 뜻하는 넓은 의미의 정부다. "정부 정책에 반대한다"라고 할 때는 주로 행정부를 비판하는 것이지만, "우리 정부는 삼권분립을 원칙으로 한다"라고 할 때는 국가 시스템 전체를 말하는 것이다.

국가권력이 나뉘다

권력분립의 역사는 중세 유럽에서 시작된다. 나침반으로 대표되는 항해술의 발전은 유럽 평민들에게 새로운 기회의 문을 열어주었다. 신대륙 발견으로 향신료 같은 사치품 무역이 활성화되면서, 일부 몰락한 기사 계급을 포함한 상인들이 막대한 부를 쌓기 시작했다. 이들이 바로 '부르주아'라 불리는 신흥 상공업자 계급이다.

봉건 영주들의 착취와 변덕스러운 통행세에 시달리던 이들에게 필요했던 것은 자신들의 상업활동을 안정적으로 보호해줄 강력한 힘이었다. 부르주아들은 왕에게 막대한 세금을 바쳤고, 왕은 그 돈으로 상비군을 만들어 교황과 영주들의 힘을 차례로 제압해나갔다. "짐이 곧 국가다"라는 루이 14세의 말처럼, 모든 권력이 왕 한 사람에게 집중되는 '절대왕정'의 시대가 열린 것이다.

절대권력을 얻은 왕들은 점차 자의적으로 권력을 행사하기 시작했고, 이에 맞선 저항이 곧 권력분립의 출발점이 되었다.

1688년 영국에서는 제임스 2세의 폭정에 맞서 의회파가 봉기했다. 처음에는 왕을 몰아내려 했으나, 왕의 강력한 저항에 부딪혀 결국 평화적 해결을 모색했다. 그 결과 왕정을 폐지하는 대신, 왕의 권한을 법으로 제한하는 '입헌군주제'를 확립했다. 법은 국민의 대표인 의회가 만들고(입법), 왕은 그 법에 따라 나라를 다스리는(행정) 권력분립 체제가 확립된 것이다. 이것이 바로 명예혁명이다. 피를 흘리지 않고 왕의 절대권력에 제동을 건 이 역사적 사건의 사상적 배경에는, 정부가 국민의 자연권을 침해할 때 저항권을 행사할 수 있다는 존 로크의 철학이 자리하고 있었다.

1776년 미국에서도 독립혁명이 일어났다. 영국의 압제에서 벗어난 신생국 미국은 새로운 정부 체제를 만들어야 했다. 건국의 아버지들은 영국의 경험에서 한 걸음 더 나아가 1787년 헌법에서 프랑스 사상가 몽테스키외의 삼권분립 이론을 실제로 구현했다. 입법부(의회), 행정부(대통령), 사법부(연방법원)로 권력을 완전히 분리하되, 각 부서가 서로를 견제하고 균형을 맞추는 '견제와 균형' 시스템을 정교하게 설계한 것이다. 이는 인류 역사상 최초로 삼권분립을 안정적으로 실현한 성공 사례가 되었다.

1789년 프랑스혁명은 미국과는 전혀 다른 모습이었다. 국민은 바스티유감옥을 무너뜨리고 루이 16세를 단두대로 보내며 구체제를 완전히 뒤엎었다. 그리고 미국과 마찬가지로 국가권력을 입법·사법·행정으로 나누는 삼권분립의 원리를 도입하려 시도했다. 하지만 그 과정은 순탄치 않았다. 혁명 이후 공포정치와 혼란이 이어졌고, 나폴레옹의 등장으로 제정이 들어서는 등 수십 년간의 진통을 겪은 뒤에야 안정적인 공화국으로 자리 잡을 수 있었다.

이러한 역사가 보여주는 교훈은 분명하다. 절대권력은 반드시 부패하고, 이를 막으려면 권력을 분산시켜 상호 견제하게 만들어야 한다는 것이다. 우리 헌법 역시 이 원리를 바탕으로 한다.

우리나라도 1987년 민주화 이후 삼권분립을 기본으로 하는 헌법 체제를 갖추었다. 대통령의 권력을 견제하기 위해 국회와 법원이 존재하고, 5년 단임제를 통해 장기집권도 막았다. 그런데도 역대 대통령들은 왜 번번이 비극적 결말을 맞는 것일까? 이 의문에 대한 답으로 등장한 것이 바로 '제왕적 대통령제'라는 진단이다.

반복되는 진단, '제왕적 대통령제'라는 신화

한국의 대통령들은 정말 '제왕적 대통령제' 때문에 실패하는 것일까? 우리나라 대통령학의 권위자 함성득 교수는 그의 저서 《제왕적 대통령의 종언》에서 한국 대통령이 실패하는 세 가지 가설을 정리하고, 성공하는 다섯 가지 조건을 제시한다.[27]

첫 번째 가설은 청와대의 터와 공간 배치가 문제라는 것이다. 많은 풍수지리학자는 청와대 터가 흉당이라서 대통령이 누구든 청와대에서 머무르고 일하기만 하면 성공하지 못한다고 주장해왔다. 공교롭게도, 이 오랜 가설은 윤석열 대통령 덕분에 완벽히 기각되었다. 그는 당선되자마자 "공간이 의식을 지배한다"라며 단 50여 일 만에 대통령실을 용산으로 이전했다. 천문학적인 국가 예산과 행정력을 동원한 이 거대한 실험의 결과는 명확했다. 장소를 바꿔도 정치적 실패는 반복되었다. 의도치 않게, 그는 '청와대 터가 문제'라는 오랜 미신을 폐기시킨 공로를 세웠다.

두 번째 가설은 실패의 원인을 '제도'에서 찾는다. 대통령 한 사람에게 과도한 권력이 집중된 시스템이 비극을 반복시킨다는 이 주장은 실패한 대통령의 단골 핑계가 되어주었다. 그러나 정치학계에서는 역대 대통령을 범주화할 때 김대중 대통령까지는 제왕적 대통령으로, 이후 탈권위주의를 내세우며 국회와의 갈등을 감수했던 노무현 대통령부터는 탈제왕적 대통령으로 구분한다. 즉, 2000년대 이후 '제왕적 대통령'은 존재했을지언정, '제왕적 대통령제'는 작동하지 않았다고 보는 것이다.

실제로 현행 헌법은 대통령이 제왕처럼 군림하는 것을 원천적으로 막기 위한 견제와 균형의 안전장치를 갖추고 있다. 특히 여소야대 상황에서 대통령의 권한은 극히 제한된다. 국회의 동의 없이는 총리조차 임명할 수 없으며, 예산안 하나

마음대로 통과시킬 수 없다. 대통령에게는 국회 견제를 위한 의회 해산권조차 없다. 이런 시스템을 '제왕적'이라고 부를 수는 없다.

장소와 제도가 아니라면, 남는 것은 결국 '사람'이다. 대통령의 자질과 리더십, 즉 '행태'가 문제의 핵심이라는 세 번째 가설이다. 대통령 개인의 카리스마가 국가를 지배했던 권위주의 시대의 유산은, 민주화 이후에도 대통령들이 마치 자신이 제왕인 것처럼 착각하게 만들었다. 그들은 헌법이 정한 경계선을 무시하고 권력을 자의적으로 행사했고, 그 결과는 예외 없이 실패로 귀결되었다.

그렇다면 이러한 실패를 극복하고 성공하는 대통령이 되기 위한 조건은 무엇일까?

첫째, '성공하려는 강박 관념에 갇히지 않기'다. 너무 많은 국정과제를 내세우기보다 실현 가능한 핵심 과제에 집중해야 한다.

둘째, '박정희 대통령의 그늘에서 벗어나기'다. 18년간 장기 집권했던 개발독재 시대의 성공 모델을 5년 단임제 민주주의 시대에 기계적으로 적용하려는 환상에서 벗어나야 한다.

셋째, '전임자와 정치적 차별화를 시도하지 않기'다. 야당에 대한 정치 보복의 악순환을 끊고 협치를 통해 국정의 안정성을 확보해야 한다.

넷째, '인사가 만사임을 깨닫기'다. 측근이나 비선 실세에 의존하는 대신, 전문성과 충성심을 겸비한 인재를 폭넓게 등용하여 국정운영팀을 안정적으로 꾸려야 한다.

마지막으로, 가장 중요한 것은 '명령자가 아닌 조정자로서의 입법 리더십을 발휘하기'다. 민주화 이후 국가권력의 중심이 대통령에서 국회로 넘어왔음을 인정하고, 국회와의 원만한 관계를 통해 법안과 예산을 통과시키는 능력이 현대 대통령의 핵심 역량임을 인식해야 한다.

21세기에 나타난 제왕적 대통령 윤석열

2000년대 초 자취를 감췄던 '제왕적 대통령'의 망령은 20여 년 뒤 윤석열 정부에서 다시 등장했다. 그것도 우리 헌정사상 가장 위험한 형태로 발현되었다.

흥미롭게도, 윤석열 대통령은 자신의 실패를 통해 한국 대통령학의 오랜 가설들을 증명해내는 공로를 세웠다. 앞서 살펴보았듯, 그는 천문학적인 비용을 들인 용산 이전을 통해 대통령의 실패가 '장소'의 탓이 아니라는 점을 몸소 보여주었다. 나아가 그는 헌법 정신을 훼손하고 국가권력을 사유화하는 행태로 국정 운영에 실패함으로써, 문제의 본질이 '제도'가 아닌 '사람'에게 있다는 사실까지 명백히 증명해냈다.

그의 재임 기간 동안 불거진 이른바 '이채양명주' 5대 의혹은, 국가 시스템이 마비되고, 더 나아가 어떻게 대통령 자신과 그 가족을 위해 작동하는지를 보여주는 상징적인 사례였다.

먼저, 이태원 참사는 국가의 부재가 무엇인지 똑똑히 보여주었다. 159명의 청년이 목숨을 잃었지만, 참사의 예방부터 수습, 진상 규명과 책임자 처벌까지 모든 과정에서 국가는 보이지 않았다. 오히려 진실을 요구하는 유가족들의 목소리를 외면하고, 일선 공무원들에게 책임을 떠넘기며 국가의 책무를 방기했다. 국민의 생명과 안전을 지켜야 할 국가가 마땅히 있어야 할 곳에서 증발해버린 비극이었다.

채 상병 사망 사건은 권력이 어떻게 사법 시스템을 무너뜨리는지를 드러냈다. 한 젊은 군인의 억울한 죽음의 진실을 밝히려는 군 수사기관의 독립적인 노력은 '대통령의 격노' 한마디에 좌절되었다. 국방부와 대통령실은 수사단에 외압을 행사해 핵심 피의자였던 사단장을 혐의에서 제외하려 했고, 이에 저항한 수사단장은 오히려 '항명'의 수괴로 몰렸다. 심지어 핵심 피의자는 해외 대사로 임명되어 출국하는 사법 시스템의 붕괴를 목격해야 했다. 이는 국가의 공적 권력이 진실 규명이 아닌, 특정 개인을 보호하기 위해 작동한 명백한 권력 남용이었다.

서울-양평 고속도로 노선 변경 논란은 국가의 정책 결정 과정이 어떻게 사유화될 수 있는지를 보여주었다. 1조 8,000억 원 규모의 국책사업이 예비타당성 조사까지 마친 원래 노선 대신, 대통령 부인 일가의 토지가 있는 곳으로 갑자기 변경된 것이다. 의혹이 제기되자 국토부장관은 사업 자체를 백지화하겠다며 국민을 협박했고, 그 과정에서 관련 자료는 은폐되고 왜곡되었다. 국민 전체의 이익을 위해 사용되어야 할 국가권력이 대통령 가족의 사적 이익을 위해 동원될 수 있다는 충격적인 의혹이었다.

김건희 여사를 둘러싼 명품백 수수와 도이치모터스 주가조작 의혹은 윤석열 정부 5대 의혹의 마지막 두 가지다. 이 사건들은 살아 있는 권력 앞에 사법 정의가 어떻게 멈춰서는지를 증명했다. 명품백을 받는 영상이 공개되었음에도 검찰은 수사를 미뤘고, 주가조작 의혹과 관련된 인물들이 줄줄이 유죄 판결을 받는 동안에도 대통령 부인에 대한 수사는 제대로 이루어지지 않았다. 모든 국민은 법 앞에 평등하다는 헌법의 대원칙이 대통령 가족이라는 이유만으로 무너져 내린 것이다.

제도가 아무리 견제와 균형을 보장하더라도, 대통령의 힘이 막강한 임기 초기에는 경찰, 검찰, 국정원, 국세청과 같은 국가의 핵심 권력 기관들이 대통령의 편에 서려는 경향이 있다. 이는 권력의 속성이자, 모든 대통령이 마주하는 거대한 유혹이다. 윤석열 대통령은 이 유혹을 뿌리치지 못했다. 오히려 그는 국가 권력을 사유화했고, 헌법이 정한 대통령의 경계를 넘어 스스로 제왕으로 군림하려 했다.

 그 와중에 국민의 목소리를 대하는 태도는 더욱 퇴행적이었다. 대통령 경호처 경호원이 R&D 예산 삭감에 항의하는 카이스트 졸업생의 입을 틀어막고 사지를 들어 끌어낸 '입틀막 사건'은 윤석열 정부의 국정운영 방식을 상징적으로 보여준다. 그는 눈과 귀를 닫고, 국민의 입은 틀어막았다. 오로지 유튜브에만 눈과 귀를 열었다. 소통과 타협이라는 민주주의의 기본 원칙 대신, 힘으로 누르는 권위주의적 통치 방식, 나아가 '극우 유튜브' 국정운영이라는 기괴한 방법까지 동원했다. 신기술을 적극적으로 도입했으니 과거 독재 정권과 비교하면 조금 더 세련됐다고 해야 할까.

 민주화 이후 국가 권력의 중심이 대통령에서 국회로 넘어왔다는 시대의 변화를 그는 인정하지 않았다. 여소야대 국회는 협치의 대상이 아니라, 자신의 의지를 가로막는 '적'으로 규정되었다. 거부권을 반복적으로 행사하며 국회의 입법권을 무력화했고, 정치적 타협을 통해 풀어내야 할 과제를 권력으로 끊어내려 했다. 이것이 그의 가장 큰 패착이었다.

 그리고 2024년 12월 3일, 결국 넘지 말아야 할 선을 넘었다.

8

총구 앞에 선 12월 3일의 국회

봄부터 시작된 비극의 전조

모든 비극에는 전조가 있다. 2024년 12월 3일의 밤으로 향하는 길 역시, 그해 봄에 이미 예고되었다. 2024년 4월 10일 제22대 총선은 윤석열 정부에 대한 중간평가였다. 대통령 임기 초반에 치러지는 선거는 통상적으로 정부 여당에 힘을 실어주는 것이 한국 정치의 오랜 관행이었다. 하지만 이번에는 달랐다. 관행이 무너졌다.

선거 기간 내내 대통령은 민심의 흐름을 읽지 못했다. 과일과 채소 가격이 폭등하는 상황에서, 그는 한 마트의 대파 한 단을 들어 보이며 "875원이면 합리적인 가격"이라고 말했다. 당시 실제 권장 소비자가는 4,000원을 훌쩍 넘었고, 대통령의 현장 방문에 맞춰 마트가 의도적으로 가격을 낮췄다는 의혹까지 제기되었다. 이 '대파 875원' 사건은 민생의 고통에 공감하지 못하는 대통령의 모습을 상징적으로 보여주며 민심의 이반을 가속했다.

결과는 여당의 참패였다. 더불어민주당과 더불어시민연합(위성정당)이 175석, 조국혁신당 12석 등 범야권이 192석에 달하는 압도적인 의석을 차지했다. 반면 여당인 국민의힘과 국민의미래(위성정당)는 단 108석을 확보하는 데 그쳤다. 집권 2년 만에 국민은 대통령에게 등을 돌리며 준엄한 심판을 내린 것이다.

하지만 국민의 심판에도 대통령은 변하지 않았다. 압도적인 여소야대 국면이 만들어졌지만, 그는 국회를 국정 파트너로 인정하지 않았다. 오히려 사사건건 국회가 발목을 잡는다며 적대감을 노골적으로 드러냈다. 야당은 여름의 폭염 속에서부터 겨울의 한파 속까지 광장에 나와 대통령의 국정운영 기조 전환을 외쳤지만, 대통령에게 그들은 협치의 대상이 아니었다. 심지어 북한과 내통하는 '반국가세력'이라는 시대착오적인 딱지까지 붙였다. 대한민국의 제1야당이 어떻게 종북 세력일 수 있는가. 처음에는 상식적으로 이해할 수 없는 그의 발언이 의도적인 프레임 씌우기라고만 생각했다. 하지만 시간이 흐를수록 그것이 그의 진심일지도 모른다는 섬뜩한 예감이 들었다.

검찰 출신 대통령의 검찰 권력 동원은 전례 없이 집요했다. 사상 초유의 야당 당사 압수수색은 시작에 불과했다. 국회의원이든, 기자든, 정권에 쓴소리를 하는 이들은 모두 압수수색과 수사라는 칼날 앞에 위협받았다. 궁지에 몰린 야당이 선택할 수 있는 카드는 많지 않았다. 연이은 탄핵소추안 발의는 대통령의 독주를 막기 위한 야당의 마지막 저항이었지만, 대통령은 이를 '국정을 마비시키는 국회의 폭거'라고 규정하며 대립의 강도를 더욱 높여갔다.

2024년 9월, 정기국회가 시작되고 예산 시즌이 돌아오면서 갈등은 끓어올랐다. 예산안 심의는 행정부를 견제하는 국회의 가장 강력한 권한이다. 민주당은 국회에 투명하게 공개되지 않는 정부 예비비와 검찰의 특정업무경비, 대통령실 특수활동비, 그리고 타당성 논란이 끊이지 않던 대왕고래 가스전과 용산공원 예산 등을 대폭 삭감하고, 그 재원으로 지역사랑상품권과 같은 민생 예산을 증액할 것을 요구했다.

하지만 정부와 여당은 야당이 제시한 민생 예산은 절대 받을 수 없다며 버텼다. 결국 민주당은 헌법이 보장한 국회의 권한을 사용했다. 헌법 제57조에 따르면, 국회는 정부의 동의 없이 예산을 증액하거나 새로운 비목을 설치할 수는 없도록 되어 있다. 그러나 기존 항목을 감액(減額)하는 것은 정부의 동의가 필요하지 않다. 민주당은 이 조항에 근거하여 문제 예산이 삭감된 수정안을 예산결산특별위원회에서 단독으로 통과시켰다.

물론 예산결산특별위원회 통과가 끝은 아니었다. 예산안이 최종적으로 확정되기 위해서는 국회 본회의 의결이라는 마지막 관문이 남아 있었다.

모두가 숨죽여 지켜보던 예산안 법정 처리 시한인 12월 2일, 국회의장은 고심 끝에 예산안의 본회의 상정을 보류했다. 법정 기한을 어기게 되는 부담을 감수하면서까지, 여야에 정기국회가 끝나는 12월 10일까지 추가 협상의 시간을 벌어준 것이다.

따라서 12월 3일의 밤은 극한의 대치 속에서도 여전히 협상의 여지가 충분히 남아 있던 시점이었다. 물론 여의도에서는 "정부 예산실이 이미 세종으로 짐을 뺐다더라" 하는 흉흉한 소문이 돌며 긴장감이 최고조에 달했지만, 그것 역시 마지막 순간까지 상대를 압박하려는 치열한 정치적 수 싸움의 일부였다. 그때까지만 해도 협상의 판은 깨지지 않았다.

비상계엄, 선포에서 해제까지

12월 2일 밤, 국회는 2024년도 예산안 처리를 두고 극한의 대치를 이어가고 있었다. 나 역시 긴장의 끈을 놓을 수 없었다. 지역구에 반드시 필요한 예산들이 걸려 있었기 때문이다.

무엇보다 시급한 것은 검단경찰서 신축 예산이었다. 사업이 예상보다 빠르게 진행되면서, 기존에 편성된 예산에 추가 증액이 반드시 필요한 상황이었다. 모경종 의원과 함께 예산결산특별위원회 소속 의원실의 문턱이 닳도록 찾아다니며 우리 지역 예산의 필요성을 설명하고 증액을 요청하는 데 온 힘을 다했다.

하지만 12월 2일 밤, 그 모든 노력이 무색하게 예산안의 본회의 상정은 끝내 무산되었다. 다음 날인 12월 3일에도 어떻게든 돌파구를 찾아보려 했지만, 여야 대치는 한 치의 양보도 없이 이어질 뿐 별다른 진전은 없었다. 몇 달간의 치열한 노력이 허사로 돌아갔다는 허탈감에 온몸의 기운이 다 빠져나가는 듯했다. 결국 그날 저녁, 무기력하게 퇴근해 집에서 그대로 뻗어버렸다.

한참을 자고 있는데 전화벨이 울렸다. 김영환 의원실의 정민구 비서관이었다. "형님, 뉴스 봤어요?" 잠에서 채 깨지 못한 비몽사몽간이었지만, 그의 다급한 목소리에 무언가 사달이 났음을 직감했다. 전화를 받는 도중, 카카오톡과 텔레그램 메시지가 빗발쳤다.

TV를 켰다. 대통령이 비상계엄을 선포하고 있었다. 이게 무슨 일인지 실감이 나지 않았다. 역사 교과서에서나 보던 일이었다. 이재명 당시 더불어민주당 대표는 라이브 방송을 통해 국민께 국회로 모여달라고 호소했고, 의원실 텔레그램 방에서도 국회로 집결하자고 했다. 옷을 챙겨 입고 곧장 택시를 잡아 여의도로 향했다.

가족과 지인들에게는 걱정하지 말라고 했지만, 속으로는 마음이 무거웠다. 어떤 상황이 벌어질지 도무지 가늠되지 않았기 때문이다. 이상하게도 그날따라 도로는 한산하게 느껴졌다. 택시 안에서 헌법과 계엄법 조항을 검색했다. 국회의 의결로 계엄을 해제할 수 있다는 사실을 그때서야 명확히 인지했다.

가는 도중, 포고령 제1호가 발표되었다는 소식이 들려왔다.

> "국회와 지방의회, 정당의 활동과 정치적 결사, 집회, 시위 등 일체의 정치활동을 금한다."

무서운 문구들이 눈에 들어왔다. 지금에서야 웃으며 말할 수 있지만, 당시에는 워낙 경황이 없어 포고령이 헌법보다 우선하는지 헷갈릴 지경이었다. 괜히 군경에 저항했다가 속수무책으로 잡혀가는 것은 아닌가. 최대한 협조하는 척하며 위기를 타개할 방법을 찾아야겠다고 속으로 다짐했다.

밤 11시가 조금 넘어 국회에 도착했다. 일부 경찰 버스가 차벽을 세웠지만, 아직 국회 직원들의 출입까지 통제하지는 않았다. 의원회관 사무실에는 이미 대부분의 보좌진이 도착해 있었다. 도대체 왜 비상계엄을 선포한 건가. 대통령이 미친 거 아닌가. 이 틈을 타 북한이 쳐들어오는 거 아닌가. 대통령이 반국가세력이라 믿던 이들은 이 같은 대화를 나눴다. 비상계엄의 까닭을 알 수 없으니, 답 없는 이야기들만 오갔다.

11시 40분경, 갑자기 헬리콥터 소리가 들렸다. 10층 옥상으로 나가보니, 국회 상공에 여러 대의 헬기가 떠다녔다. 설마 저 헬기가 입법부의 심장인 국회 경내에 착륙하리라고는 상상도 못 했다.

12시경, 국회 본청으로 모이라는 지시를 받고 동료들과 본청으로 향했다. 가까이 가보니, 무장한 계엄군들과 국회 직원, 보좌진, 시민들이 뒤엉켜 대치하고 있었다. 상상도 못 했던 일이 벌어졌다. 헬기가 국회 운동장에 착륙해 계엄군을 내려놓은 것이었다.

이 상황을 알려야겠다고 생각했다. 카메라를 들고 사진과 영상을 남겼다. 그때 계엄군 한 명이 정문을 향해 달려갔고, 가까이 있던 나는 순간 얼어붙어 막을 생각조차 하지 못했다. 주춤하는 사이, 한 선배 보좌관이 그를 막아서는 것을 보았다. 그때까지도 나는 '계엄군과 맞서도 되는 걸까'를 고민했지만,

8. 총구 앞에 선 12월 3일의 국회 **139**

선배들의 눈빛은 '국회를 지켜야 한다'는 결의로 가득했다.

 나도 용기를 얻었다. 수많은 동지가 함께 맞서고 있다는 확신이 들었다. 어느덧 나는 맨 앞에서 계엄군과 직접 몸으로 부딪치고 있었다. 군대에서나 느껴봤던 장구류의 묵직함과 총의 촉감이 10여 년 만에 유난히도 생소하게 느껴졌다. 치열한 몸싸움 속에서도 한 가지 이상한 점이 느껴졌다. 무장한 특전사들이었지만, 그들은 국회로 진입하겠다는 의지보다는 명령에 따라 마지못해 움직이는 것처럼 보였다. 심지어 대치하다 넘어지는 사람이 생기면, 서로가 서로를 일으켜 세워주기도 했다. 그제야 내 주변의 얼굴들이 보이기 시작했다. 평소 친하게 지내던 보좌진들, 당직자들이 바로 내 옆에서 함께 계엄군과 맞서고 있었다.

 계엄군이 정문을 뚫을 의지가 없다고 판단되자, 나는 국회 본청 안으로 들어갔다. 어디로 진입했는지 모를 계엄군들이 본회의장으로 들어가는 길목인 로텐더홀로의 진입을 시도하고 있었다. 그리고 그 앞을, 수많은 국회 직원과 보좌진들이 스크럼을 짜고 막아서고 있었다. 이들의 표정에는 두려움과 결의가 교차했다. 누구도 입 밖으로 내지 않았지만, 우리 모두 그날 밤 국회가 무너지면 우리 정치가, 아니 우리나라가 돌아올 수 없는 강을 건너게 된다는 것을 알고 있었다.

 평소 지역 주민들의 국회 견학을 도맡았던 덕에 본청 지리에 익숙했던 나는 계엄군이 어느 문으로 들어오는지 파악하고 동료들에게 정보를 전달했다. 박정현 의원실 이은재 선임비서관에게 전화가 왔다. "지금 후문 뚫린다! 빨리 와!" 1층 후문으로 달려가 보니, 그곳에서도 치열한 사투가 벌어지고 있었다. 우리는 소파, 안내데스크, 책상 등 보이는 모든 것을 끌어다 문을 막았다. 신기한 것은, 누구 하나 지휘하는 사람이 없는데도 모두가 각자 필요한 곳에서 제 역할을 하고 있었다는 점이다. 그것은 나라를 지키겠다는 공직자의 본능이었다.

시간이 흐르고, 담을 넘어온 국회의원들이 하나둘 본회의장으로 들어갔다.

"지금 몇 명 들어갔대?"

"왜 표결 안 한대?"

로텐더홀은 초조함으로 가득 찼다. 국회의원들 역시 국회의장에게 빨리 표결을 시작하자고 재촉했다. 우원식 국회의장은 절차를 지켜야 한다며 기다리라고 했다. 밖에서는 언제든 계엄군이 총을 쏘고 쳐들어와도 이상하지 않을 상황이었다. 그의 침착함이 그때는 답답하게만 느껴졌다.

"의사 일정 제1항 비상계엄 해제 요구 결의안을 상정합니다."

드디어 안건이 상정되고 표결이 시작되었다. 재적의원 190명이 모인 상태였다. 조마조마한 시간이 흐르고, 마침내 의장이 투표 결과를 발표했다.

"비상계엄 해제 결의안은 가결되었음을 선포합니다."

밤 11시에 선포된 비상계엄은 두 시간 반 만에 국회의원들의 만장일치로 해제되었다.

돌이켜보면, 대통령은 계엄 선포 시 국회에 지체 없이 통고해야 한다는 계엄법 절차를 어겼다. 만약 국회 역시 절차를 무시하고 해제 의결을 했다면, 대통령은 이를 트집 잡아 또 다른 비상계엄을 선포했을지도 모른다. 우원식 국회의장의 침착한 대응이 빛을 발했던 순간이었다.

하지만 아직 끝이 아니었다. 국회가 해제 의결을 하더라도, 대통령이 최종적으로 계엄 해제를 선포해야만 비로소 모든 것이 끝나는 것이었다. 로텐더홀에 모인 사람들에게 나는 아직 안심할 수 없다고 전했다. 다행히 계엄군은 즉시 철수했고, 새벽 4시 30분, 마침내 대통령이 비상계엄 해제를 발표했다. 안도감과 함께, 언제든 2차 계엄이 있을 수 있다는 불안감이 교차했다.

대통령은 계엄 해제를 발표하는 그 순간까지 '입법 농단', '예산 농단'과 같은 말을 입에 올렸다. 하지만 그날 밤, 가장 높은 지위라는 '언덕(隴)'에 올라 모든 것을 손에 쥐려 한 것은 누구였는가? 농단(隴斷)은 본래 그런 의미다. 대통령의 비상계엄이야말로 국민을 대상으로 한 국정농단이었다. 그리고 그 국정농단에 맞서기 위해 국회로 달려온 이들은 용감했고, 또 정의로웠다.

나야 이 일이 직업이고 국회가 직장이니 그 자리에 있었지만, 아무런 조건이나 대가 없이 오로지 민주주의를 지키기 위해 계엄군과 맞선 것은 바로 이름 없는 시민들이었다. 그 모습을 보며, 대한민국의 민주주의가 결코 소수 정치인만의 것이 아님을 다시금 깨달았다.

무너진 행동하는 양심

비상계엄은 해제되었지만, 아무것도 끝나지 않았다. 오히려 진짜 싸움은 이제부터 시작이었다. 대통령이 언제든 2차 계엄을 선포할 수 있다는 공포가 국회를 떠돌았다. 그가 탄핵으로 직무 정지되기 전까지, 그 무엇도 안전하지 않았다.

그날 이후 국회는 거대한 비상 숙영지가 되었다. 언제 닥칠지 모를 위기에 대비해, 국회의원들은 집에 돌아가지 못하고 국회에서 비상 대기를 이어갔다. 우리 보좌진들 역시 당번을 정해 돌아가면서 국회의 밤을 지켰다. 낮에는 밀려드는 업무와 씨름하고, 밤에는 쪽잠을 자며 불안한 시간을 견뎌냈다.

6개 야당은 계엄 해제 바로 다음 날인 2024년 12월 4일, 공동으로 대통령 탄핵소추안을 제출했다. 국회법에 따라 본회의에 보고된 탄핵안은 24시간 이후 72시간 이내에 표결해야 했다. 운명의 날은 12월 7일로 정해졌다. 야권 의석 192석을 모두 모아도, 탄핵 가결을 위한 의결정족수 200석에는 8석이 부족했다. 결국 모든 것은 여당인 국민의힘 의원들의 양심에 달려 있었다.

탄핵 표결 당일, 우리 당 보좌진들은 모두 국회 로텐더홀에 모였다. 12월 3일 그날 밤 이후 이렇게 많은 인원이 이곳에 모인 것은 처음이었다. 그들은 대부분 대통령에 의한 민주주의의 붕괴를 바로 눈앞에서 목도한 사람들이었다. 당장 윤석열을 끌어내려야 한다는 결연한 의지로 가득했다.

김건희 특별법 표결이 먼저 시작되었고, 예상대로 국민의힘은 당론에 따라 부결에 표를 던졌다. 거기까지는 그럴 수 있었다. 그런데 표결을 마친 국민의힘 의원들이 하나둘 자리를 비우기 시작하더니, 안철수 의원을 제외하고 모두 본회의장을 떠나버렸다.

그들은 탄핵안에 부결을 택하는 대신, 투표 자체를 무산시키는 전략을 택했다. 헌법 제65조에 따라 대통령 탄핵소추안은 '재적의원 3분의 2'인 200명 이상의 찬성이 있어야 가결되는데, 투표 참여 인원 자체가 200명에 미치지 못하면 투표불성립으로 투표함조차 열 수 없기 때문이다. 그들은 무기명 투표에서 이탈표가 나올 것을 우려해, 아예 투표에 불참하는 방식으로 이를 원천 봉쇄하려 했던 것이다.

본회의장 앞에서 표결 결과를 기다리던 야당 보좌진들은 분노했다. 본회의장을 빠져나가는 국민의힘 의원들을 향해 "부역자!"라는 고성이 터져 나왔다. 국회에서 보좌진은 이름 없는 그림자다. 경기장에 참여하는 플레이어가 아니라, 그들을 묵묵히 뒷받침하는 스태프일 뿐이다. 하지만 그날만은 달랐다. 보좌진들의 분노는 며칠 전, 총구 앞에서 목숨을 걸고 국회를 지켜냈던 동지들의 절규였고, 국회 담장 너머 추위 속에서 민주주의를 외치는 시민들의 함성에 대한 대답이었다.

탄핵안 표결이 시작되었지만, 국민의힘 좌석은 텅 비어 있었다. 본회의장 밖에 있던 사람들은 절망했다. 부결이 되더라도 역사의 기록으로 남을 일이었다. 하지만 표결 참여조차 하지 않는 것은 국회의원으로서의 책임을 비겁하게 방기하는 것이었다. 절망하고 있던 찰나, 김예지 의원이 본회의장으로 들어와 표결했다. 잠시 희망이 보였다. 하지만 잠시 타올랐던 희망의 불씨는 다시 차갑게 식어가는 듯했다.

바로 그때, 로텐더홀 계단 쪽에서 갑자기 환호성이 터져 나왔다. 보수세가 강한 울산에 지역구를 둔 국민의힘 김상욱 의원이었다. 신정훈, 이해식 의원이 그의 양옆에 서서 로텐더홀 계단을 올라오고 있었다. 그의 표정을 유심히 살폈다. 기쁘지도 슬프지도, 결의에 차 있지도 않았다. 마치 자신의 양심이 이끄는 대로, 묵묵히 걸어오는 사람처럼 보였다. 보좌진들은 환호했고, 김상욱을 연호했다. 나도 모르게 박수를 쳤다. 앞으로 더 많은 양심이 작동하리라는 기대감에 로텐더홀은 축제 분위기였다.

그는 곧장 본회의장으로 입장해 표결했고, 한참 눈물을 흘렸다. 표결을 마친 뒤 그는 카메라 앞에 서서 울먹이며 말했다. "저는 윤석열 대통령이 대통령의 자격이 없다고 생각합니다. 그러나 당론에 따라 탄핵안에는 동의하지 않았습니다. 그렇다고 하더라도 투표는 반드시 참여해야 한다고 생각했습니다. 그것이 국회의원의 의무이고 역할이라고 믿었기 때문입니다." 이어 다음과 같이 덧붙였다. "보수의 가치에서 헌정질서를 지키는 것은 아주 중요합니다. 이곳에 군인이 무장을 한 채 들어왔습니다. 박근혜 대통령 때와는 완전히 다른 문제라고 생각했습니다. 국회의원들이 막지 못했다면, 많은 국민이 피를 흘려야 하는 불상사가 일어났을 것입니다."

그의 눈물에 어떤 의미와 무게가 담겨 있을지 생각했다. 잠시 그가 되어보았다. 어처구니없는 당의 결정에, 표결 직전 본회의장을 나와 지역구로 내려가다 차를 돌렸을 것이다. 본회의장으로 향한 그의 마음속에는 얼마나 많은 고뇌가 있었을까. 정치생명이 끝날지도 모른다는 두려움에도 불구하고, 그의 양심은 결국 국회로 돌아오라고 명령했을 것이다.

안타깝게도 이날 김상욱 의원 이후, 다른 국민의힘 의원들은 끝내 나타나지 않았다. 뜨거웠던 환호는 다시 깊은 절망으로 바뀌었다. 21시 22분, 우원식 국회의장은 투표 종결을 선언했다. 최종 투표수 195표. 탄핵안은 의결정족수를 채우지 못해 폐기되었다. 절망했다. 그날 밤 국회의사당을 나오며, 나는 참담한 심정으로 짧은 글을 썼다.

> 민주주의 위기, 경제 위기, 안보 위기 이 세 가지 위기는 대한민국의 면역력이 떨어질 때면 반복되는 일종의 유행병이다. 2009년 김대중 전 대통령은 행동하는 양심으로 이 같은 위기를 극복해야 한다고 처방했고, 그 처방은 유언이 됐다.
>
> 2017년 박근혜 정부의 국정농단 사태를 극복하는 데에는 김대중 대통령의 처방이 주효했다. 무엇보다 행동하는 양심은 촛불광장뿐 아니라 국회에서도 작동했다. 대한민국의 민주주의 회복탄력성은 이때 세계적으로 인정받았다.
>
> 국정농단보다도 헌정 질서를 어지럽히는 일이 지난 화요일

밤에 있었다. 절차적 정당성도 확보하지 못한 비상계엄은 헌법기관인 국회를 마비시키려 했다. 국회 상공에 군 헬기가 떠다니고, 무장한 공수부대는 국회 창문을 깨고 국회의원과 보좌진, 시민에게 총을 겨눴다.

그뿐만이 아니다. 부정선거라는 대통령의 망상 때문에 계엄군은 헌법상 독립기관인 중앙선거관리위원회를 덮치고, 있지도 않은 부정선거 증거를 찾아내려 했다.

정치적 갈등에서 비롯된 팽팽한 긴장 상태는 정치적 해법을 통해 "풀어내야" 할 과제다. 그런데 대통령은 난데없는 계엄령을 통해 이를 "끊어내려" 했다. 그 결과 대한민국의 '정치적 긴장 상태'는 '국가적 위기 상태'로 증폭됐다.

국민은 어김없이 광장에 나왔다. 추운 날씨에도 국회 밖을 둘러싸고 행진을 이어가며 대통령의 퇴진을 요구했다. 정당, 시민단체와 관계없는 시민과 학생들이 눈에 띄었다. 나는 이번에도 행동하는 양심을 통해 위기를 극복할 수 있다고 믿었다.

그런데 정작 여당 국회의원들은 탄핵안 표결 직전 회의장을 떠났다. 반대표를 던진 것도 아니고 표결에 참여조차 하지 않았다. 대통령의 친위쿠데타, 내란행위에도 국회의원으로서의 양심은 작동하지 않았다. 대의민주주의는 그들만의 민주주의로 전락했고, 국가의 존폐 위기 앞에 정치적 유불리만을 따졌다. 역사는 그들을 어떻게 기록할까.

온갖 위기가 면역력이 떨어진 대한민국을 위협하고 있다. 기존의 처방은 내성이 생겨 더는 듣지 않는다. 이 와중에 정부와 여당은 헌법을 고무줄로 활용해 국정운영의 고삐를 놓지 않으려 발악하고 있다.

내 두 눈으로 목격한 계엄의 밤이, 악몽 같던 시간이 내 가족과 친구들에게 반복되는 건 이제 그리 어려운 일이 아니다.

김대중 대통령의 유언이 국민과 함께 추위에 떨고 있다.

마침내 탄핵안이 가결되다

꼼짝없이 두 번째 탄핵을 준비해야 했다. 첫 번째 탄핵안 표결 무산 이후, 국회 밖 광장의 분노는 더욱 뜨거워졌다. 국민은 포기하지 않았고, 그 분노는 고스란히 여당 의원들을 압박했다.

2024년 12월 14일, 마침내 두 번째 탄핵 표결의 날이 밝았다. 그날 아침, 국회로 향하는 국회의원과 보좌진들의 얼굴에는 비장함이 서려 있었다. 다시 실패해서는 안 된다는 결의에 찬 눈빛이었다.

사실 많이 지쳐 있기도 했다. 12월 3일 이후 보좌진들은 퇴근도 못하고 사무실에서 눈을 붙인 날이 많았고, 집에 가더라도 언제 대통령이 또다시 비상계엄을 선포할지 모른다는 불안감에 잠도 제대로 이루지 못했던 시간이었다. 하루만 더 버티자고 생각했다.

첫 표결 때와 달리, 국민의힘은 '탄핵 반대' 당론은 유지하되 표결에는 참여하겠다고 밝혔다. 오후 4시가 넘어, 국민의힘 의원들이 본회의장에 입장하기 시작했다. 국회 앞에는 국민이 응원봉을 들고 자리를 지켰다. 탄핵이라는 비극적인 사건을 앞두고, 그곳은 역설적이게도 축제의 장처럼 보였다. 오후 5시 재적의원 300명 전원이 투표한 결과가 발표되었다.

결과는 찬성 204표, 마침내 탄핵안이 가결되었다.

박근혜 대통령 탄핵 이후 8년 만에, 우리 국민은 다시 한번 평화적인 방법으로 헌정 질서를 파괴한 대통령을 심판했다. 2016년 겨울의 촛불이 보여주었던 민주주의의 회복탄력성이 결코 운이 아니었음을 증명했다. 외신들도 비상계엄 선포부터 탄핵까지 이어진 일련의 과정을 비중 있게 보도했고, 폭력과 내전 없이 헌법 절차에 따라 민주주의 위기를 극복하는 모습에 주목했다.

추운 겨울, 광장에 나왔던 수많은 국민이 결국 승리했다. 부끄러운 대통령의 시대를 끝내고, 자랑스러운 민주주의의 역사를 다시 쓴 것은 다름 아닌 국민이었다. 그들은 탄핵이라는 비극을 찬란함으로 회복했다. 대통령은 부끄러웠지만, 우리 민주주의는 자랑스러웠다.

9
다시 만난 세계, 작동하는 헌법

헌법이 작동하다

2024년 12월 14일, 탄핵소추안이 국회 본회의를 통과했다. 대한민국은 헌법이 정한 절차에 따라 움직이기 시작했다. 헌법 제65조 3항, "탄핵소추의 의결을 받은 자는 탄핵 심판이 있을 때까지 그 권한 행사가 정지된다"는 조항에 따라, 대통령의 직무는 그 즉시 정지되었다.

다음은 헌법재판소의 시간이었다. 헌법재판소법 제49조에 따라, 탄핵 심판에서는 국회 법제사법위원장이 '소추위원'이 된다. 당시 법제사법위원장이었던 정청래 의원은 탄핵소추위원단을 꾸려, 국회에서 통과된 탄핵 의결서를 헌법재판소에 제출했다. 이는 형사재판에서 검사가 법원에 공소장을 제출

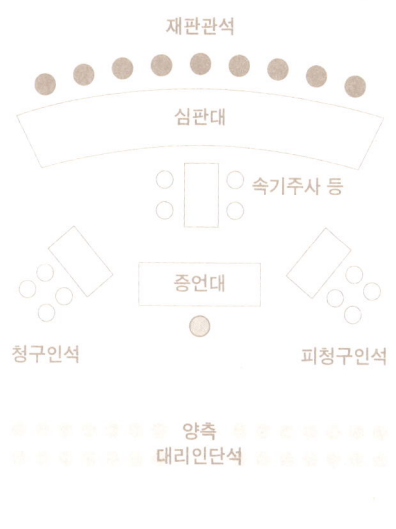

헌법재판소 심판정 좌석 배치

하며 기소하는 것과 같은 절차다. 입법부가 행정부의 수반을 기소한 것이다.

  헌법재판소의 재판이 시작되었다. 가장 높은 곳에는 9인의 헌법재판관이 앉아 있었다. 그리고 그 아래, 심판을 받는 피청구인석에는 직무가 정지된 대통령과 그의 변호인단이, 그를 고발하는 청구인석에는 '검사' 역할을 맡은 정청래 법제사법위원장과 소추위원단이 나란히 섰다. 불과 얼마 전까지 대한민국 최고 권력자였던 대통령이, 이제는 재판관의 판단을 받기 위해 정중하게 진술해야 하는 위치에 놓인 것이다. 행정, 입법, 사법의 대표자들이 한자리에 모였지만, 그들의 권력 관계는 완전히 역전되어 있었다. 높은 언덕에 올라 권력을 찬탈하려던 이의 최후다.

운명의 저울을 든 9인의 재판관

그렇다면 이 모든 권력의 정점에서 대통령의 운명을 결정하는 9인의 재판관은 어떤 사람들인가?

헌법재판소법 제6조는 재판관의 임명에 대해 정교한 분산의 원칙을 규정하고 있다. 총 9인의 재판관 중 3인은 대통령이 직접 임명하고, 3인은 국회에서 선출하며, 3인은 대법원장이 지명한다. 행정부, 입법부, 사법부가 각각 세 명씩 추천권을 나누어 갖는 것이다. 어느 한 권력기관도 헌법재판소를 독점할 수 없도록 만든 설계된 안전장치다.

9인의 헌법재판관 구성 방식

더욱 흥미로운 것은 이들의 임명 과정이다. 대통령이 지명하든, 대법원장이 지명하든, 모든 헌법재판관 후보자는 국회의 인사청문회를 거쳐야 한다. 대통령을 기소한 그 '검사', 즉 국회 법제사법위원장이 주재하는 바로 그 자리에서다.*

인사청문회에서 국회의원들은 후보자의 능력과 도덕성을 검증하고, 후보자는 고개를 숙인다. 그런데 탄핵 심판정에서는 그 위치가 다시 역전된다. 인사청문회에서 검증을 받던 재판관들이 이제는 단상 위에 앉아, 그들을 심사했던 국회의원(법사위원장)과 임명했던 대통령을 모두 심판하는 것이다.

이것이야말로 우리 헌법이 가진 놀라운 힘이다. 오늘의 임명권자가 내일의 피심판자가 되고, 오늘의 피청문자가 내일의 심판자가 된다. 권력은 영원하지 않으며, 모든 권력은 또 다른 권력에 의해 반드시 견제받는다는 민주주의의 대원칙이 이 순환의 과정 속에 고스란히 담겨 있다.

삐걱대는 헌법재판소

본격적으로 탄핵 국면에 들어섰을 때, 헌법재판소는 깊은 위

---

* 국회가 추천하는 3인의 경우, 국회 인사청문특별위원회를 구성해 청문회를 실시한다.

기에 빠져 있었다. 헌법재판소법 제23조 제1항은 "재판관 7명 이상의 출석으로 사건을 심리한다"라고 규정하고 있다. 그러나 탄핵 정국 직전인 2024년 10월 17일, 이종석 헌법재판소장을 포함한 3명의 재판관이 임기 만료로 동시에 퇴임하면서, 헌법재판소는 총원 9인 중 3분의 1이 공석인 6인 체제로 운영되고 있었다.

국회가 새로운 헌법재판관을 추천해야 하는 상황이었지만, 더불어민주당은 170석이 넘는 의석수를 근거로 3명 중 2명의 추천권을 가져야 한다고 주장했고, 국민의힘은 여야 각 1명 추천 후 다른 1명은 여야 합의로 추천해야 한다고 맞섰다. 후임자 인선을 둘러싼 여야의 극심한 대립으로 협상은 장기간 표류했다.

한 달 넘게 이어진 공백 사태로 국회가 헌재를 마비시킨다는 비판 여론이 터져 나왔다. 결국 11월 29일, 우원식 국회의장의 중재하에 더불어민주당은 의석수에 비례해 2명의 추천권을, 국민의힘은 1명의 추천권을 갖는 것으로 합의했다.

헌법재판소는 이런 상황에서 탄핵 국면을 맞이했다. 탄핵 인용을 위한 의결정족수는 6명. 즉, 6인 체제에서는 단 한 명의 재판관이라도 반대하거나 기권하면 탄핵이 기각되는 아슬아슬한 상황이었다.

이는 탄핵을 막으려는 측에게는 오히려 유리한 구도였다.

앞서 이진숙 방송통신위원장 탄핵 심판 당시, 이 위원장 측은 '재판관 7인 이상 출석'이라는 심리정족수 조항이 위헌이라는 취지의 가처분 신청을 냈고, 헌재가 이를 받아들여 6인 체제 심리의 길을 열어준 바 있었다. 9인 체제보다 6인 체제에서 기각을 받아낼 가능성이 높다는 정치적 계산이었다. 이 결정 덕분에 대통령 탄핵 심판 역시 6인 체제로 시작될 수는 있었지만, 판결의 정당성에 대한 논란은 피할 수 없는 족쇄였다.

여기에 또 하나의 시한폭탄이 작동하고 있었다. 2025년 4월 18일로 예정된 문형배 소장 권한대행과 이미선 재판관의 임기 만료였다. 만약 그때까지 선고가 내려지지 않는다면, 헌법재판소는 4인 체제로 축소되어 탄핵 인용에 필요한 의결정족수 6명을 물리적으로 채울 수 없게 되는 상황이었다. 탄핵 심판 자체가 무력화될 수 있다는 치명적인 우려가 제기되었다.

국회는 서둘러야 했다. 2024년 12월 23일과 24일, 인사청문특별위원회를 열어 마은혁, 정계선, 조한창 세 후보자에 대한 인사청문회를 실시했다. 국민의힘은 한덕수 대통령 권한대행이 재판관을 임명해서는 안 된다며 인사청문회에 불참했고, 청문 보고서는 24일 야당 단독으로 통과되었다. 그리고 12월 26일, 국민의힘 의원 대부분이 불참한 가운데 세 후보자의 임명동의안은 국회 본회의를 통과했다. 더불어민주당이 추천한 마은혁 후보자 찬성 193명으로, 국민의힘이 추천했던 조한창 후보자는 찬성 185명으로 각각 가결되었다. 이제 대통령의 임명 절차만 남아 있었다.

'대통령 권한대행'의 시간

2024년 12월 26일, 한덕수 대통령 권한대행은 갑자기 대국민 담화를 열었다. 그리고는 국회가 추천한 헌법재판관 3인의 임명을 거부하겠다고 했다. 헌법재판관 임명이 '대통령의 중대한 고유 권한'이므로, 국민의 직접 선출을 받지 않은 권한대행이 이를 행사하는 것은 자제해야 한다는 이유에서였다. 국민의힘과 같은 논리였다. 헌정 위기는 새로운 국면으로 접어들었다.

'대통령 권한대행이 재판관을 임명해서는 안 된다'는 국민의힘의 주장은 무슨 뜻일까? 대한민국 헌법 제71조는 "대통령이 궐위되거나 사고로 인하여 직무를 수행할 수 없을 때에는 국무총리, 법률이 정한 국무위원의 순서로 그 권한을 대행한다"고 규정하고 있다. 그러나 그 '권한'의 범위에 대해서는 명확한 규정을 두지 않고 있다. 따라서 권한대행의 직무가 국가의 현상 유지를 위한 소극적·관리적 행위에만 국한되는지, 아니면 헌법재판관 임명과 같은 중대한 국가작용까지 포함하는 포괄적 권한인지에 대한 해석상 논란이 지속되어왔다.

더불어민주당은 권한대행이 헌법재판관을 임명하는 것은 헌법적 의무라고 주장하며 신속한 임명을 촉구했다. 반면, 국민의힘은 권한대행의 권한은 극히 제한적이며, 중대한 인사권 행사는 자제해야 한다는 논리를 폈다. 그러나 헌법재판소는 2017년 박근혜 전 대통령 탄핵 정국 당시에도 비공식적으로 권한대행의 재판관 임명이 가능하다는 의견을 내비쳤고 2024년에도 공개적으로 동일한 입장을 밝혔다.

한덕수 권한대행은 왜 헌법재판관 임명을 거부했을까? 정치권은 그의 결정 이면에 숨겨진 세 가지 속내를 지목했다.

가장 유력한 분석은 탄핵 심판 자체를 흔들려는 정치적 계산이었다. 당시 헌법재판소는 6인 체제였고, 단 한 명의 이탈표만 나와도 탄핵은 기각되는 아슬아슬한 상황이었다. 재판관 임명을 지연시켜 윤석열 대통령에게 시간을 벌어주고, 재판부 구성을 유리하게 만들려는 의도라는 것이었다. 여기에 그가 비상계엄 선포에 연루된 공범으로서, 사법 절차를 의도적으로 방해하려 했다는 비판과, 보수 진영의 차기 주자로 부상하기 위한 대선 야망설까지 더해졌다.

하지만 그의 결정은 거센 국민적 저항에 부딪혔다. 보수 성향의 언론과 일부 여권 정치인들까지 국정 안정을 위해 재판관을 즉시 임명해야 한다고 촉구할 정도로 비판 여론이 거셌다.

결국 국회는 그의 임명 거부를 헌법 수호 의무를 방기한 중

대한 위법 행위로 규정하고, 그에 대한 탄핵소추안을 가결시켰다. 이로써 대한민국 헌정사상 최초로 대통령 권한대행이 탄핵으로 직무가 정지되는 초유의 사태가 발생했다. 자신의 절차적 권한을 정치적 무기로 활용하려던 한덕수의 도박은 결국 자신의 정치적 파멸을 재촉하고 국가적 혼란만 심화시킨 최악의 자충수가 되었다.

'대통령 권한대행의 대행'의 시간

대통령 권한대행직을 수행하던 국무총리까지 탄핵으로 직무가 정지되자, 대통령 권한대행의 직무는 최상목 경제부총리에게 승계됐다. 그는 2024년 12월 31일, 국회가 추천한 3명의 헌법재판관 후보자 중 국민의힘이 추천한 조한창 후보자와 더불어민주당이 추천한 정계선 후보자를 임명하고, 마은혁 후보자 임명에 대해서는 추가적인 '여야 합의'가 필요하다며 임명하지 않았다. 그러고는 자신의 결정을 '정치적 불확실성'과 '사회적 갈등'을 종식시켜 국가 경제와 신용등급에 미칠 악영향을 차단하기 위한 불가피한 조치라고 설명했다.

나는 어처구니가 없는 주장이라고 생각했다. 정치적 불확실성은 대체 누가 만들었는가. 그 불확실성을 해소할 가장 빠른 길은 신속한 탄핵 심판이 아닌가. 책임을 회피하는 것을 넘어, 법을 자의적으로 해석하며 내란종식을 가로막는 그들의 모습을 보며 답답함을 넘어 깊은 무력감까지 들었다.

그렇다면 정말 대통령 권한대행은 헌법재판관을 임명해서는 안 되는 것인가? 우원식 국회의장은 2025년 1월 3일, 대통령 권한대행이 정당한 법적 결격 사유 없이 국회가 선출한 재판관 후보를 자의적으로 거부하는 것은 국회의 헌법재판소 구성권을 침해하는 행위라며 헌법재판소에 권한쟁의심판을 청구했다.

그 결과 2025년 2월 27일, 헌법재판소는 재판관 전원일치 의견으로 "대통령이 국회 선출 몫 재판관을 임명하는 행위는 본질적으로 형식적·확인적 행위이며, 후보자의 자격에 명백한 하자가 없는 한 임명을 거부할 재량권이 없다"고 판시했다. 대통령 권한대행의 권한 범위에 대한 논란에 종지부를 찍은 것이다.

그런데 최상목 권한대행은 헌재의 결정 이후에도 마은혁 헌법재판관 후보자를 임명하지 않았다. 이유 모를 일이었다. 결국 마은혁 헌법재판관은 그로부터 104일이 지난 4월 8일, 국무총리 탄핵이 기각된 뒤 대통령 권한대행으로 복귀한 한덕수 권한대행이 임명했다. 아이러니하게도 윤석열 대통령이 파면된 이후에야 헌법재판소는 비로소 완전한 모습을 갖추게 되었다.

헌법재판소의 시간

최상목 권한대행이 2명의 재판관이라도 임명한 덕에, 헌법재판관은 8명으로 늘어났고, 탄핵 심판의 절차적 정당성을 둘러싼 가장 큰 논란은 잠재울 수 있었다. 하지만 4월 18일로 예정된 두 재판관의 임기 만료는 여전히 거대한 시간적 압박이었다.

헌법재판소 앞은 재판관들에게 신속한 탄핵 기각을 강요하는 극우 세력에 둘러싸여 있었다. 그들은 출퇴근하는 재판관들의 차에 대고 욕설을 퍼부었다. 〈집회 및 시위에 관한 법률〉상 헌재 앞 집회는 금지되어 있지만, 그들은 아랑곳하지 않았다.

나 역시 답답하기는 마찬가지였다. 정치적 불확실성이 해소되지 않으니 모든 것이 멈춰버린 듯했다. 항간에는 '8대 0'이니 '5대 3'이니 근거 없는 소문만 무성했다. 통상 판결 이틀 전에 선고기일을 발표하는 헌재의 관행에 따라, 매주 수요일이면 동료들과 "이번 주에도 발표 안 한대?"라는 말을 반복했다.

실제로 윤석열 대통령 탄핵 심판은 대한민국 헌정사상 가장 긴 심리 기간을 기록했다. 2024년 12월 14일 탄핵소추안이 국회에서 가결된 후 2025년 4월 4일 최종 선고가 내려지기까지 총 111일이 소요되었다. 이는 노무현 전 대통령(63일)과 박근혜 전 대통령(91일)의 사례를 모두 뛰어넘는 기간이었다. 특히 최종 변론이 종결된 후 선고까지 무려 38일이 걸렸다. 노무현 전 대통령 당시 14일, 박근혜 전 대통령 당시 11일이었다.

나는 주말은 물론 평일에도 광장에 나섰다. 날씨는 좀처럼 풀리지 않았다. 천막에서 나눠주는 핫팩으로 몸을 녹이며 매일 길바닥에 앉았다. 누적된 피로가 더 이상 풀리지 않았다. 청춘을 길바닥에서 보내고 있다는 생각에 때로는 힘이 빠지기도 했다.

2025년 4월 1일, 마침내 헌법재판소가 4월 4일을 선고기일로 지정했다는 소식이 들려왔다. 12월 3일부터 달려왔던 여정의 끝이 보이는 듯했다. 최종 선고 전 3일간 온 힘을 다해 광장에서 소리쳤다.

"대통령 윤석열을 파면하라!"

헌법의 시간

4월 4일, 대망의 선고기일이 밝았다. 국회 의원회관 사무실 모인 모경종 의원과 보좌진들은 숨죽여 TV 화면을 지켜보았다. 화면 속 재판관들의 결연한 눈빛이 보였다. 그렇지만 의원실에 모인 이들 중 누구도 방심하는 사람은 없었다.

문형배 헌법재판소장 권한대행이 탄핵 심판 이유를 읽어

내려가기 시작했다. TV에서 흘러나오는 문형배 권한대행의 목소리가 곳곳에 울려 퍼졌다. 요건에 맞지 않는 비상계엄 선포, 위헌·위법적인 계엄 포고령, 국회 봉쇄와 계엄군 진입, 중앙선거관리위원회 점거, 법조인 체포 및 구금 지시. 헌법재판소는 이 모든 행위가 헌법과 법률에 위배된다고 판단했다.

> "결국 피청구인의 위헌·위법 행위는 국민의 신임을 배반한 것으로 헌법수호의 관점에서 용납될 수 없는 중대한 법 위반행위에 해당합니다. 피청구인의 법 위반행위가 헌법질서에 미친 부정적 영향과 파급효과가 중대하므로, 피청구인을 파면함으로써 얻는 헌법 수호의 이익이 대통령 파면에 따르는 국가적 손실을 압도할 정도로 크다고 인정됩니다."

한 문장 한 문장 귀를 기울이던 찰나, 마침내 주문을 선고하기 직전까지 왔다.

> "이에 재판관 전원의 일치된 의견으로 주문을 선고합니다."

만장일치였다. 재판관 중 한 명쯤은 다른 의견을 낼 수도 있다고 예상했지만, 기각은 물론 보충의견조차 없었다. 그 순간 파면을 확신했다. 선고 효력은 재판장이 주문을 읽는 즉시 발생한다. 문형배 재판관이 마침내 주문을 선고했다.

"주문, 대통령 윤석열을 파면한다."

의원실은 환호성으로 가득 찼다. 12월 3일 밤의 공포, 1차 탄핵소추안 부결의 좌절, 기약 없던 기다림의 시간이 주마등처럼 스쳐 지나갔다. 윤석열 정부의 무능과 폭정은 이제 끝났다. 대한민국이 다시 정상적인 나라로 나아갈 수 있다는 확신이 들었다.

12월 3일의 밤, 윤석열 대통령은 헌법을 파괴하려 했다. 하지만 헌법은 조금도 훼손되지 않았다. 오히려 비상계엄 선포 이후 국회의 탄핵소추, 헌법재판소의 파면 결정에 이르기까지, 헌법에 명시된 모든 절차는 단 한 치의 오차도 없이 제자리에서 그 기능을 다했다. 한 사람의 헌법파괴 시도가 우리 민주주의 시스템의 건강함과 헌법의 위대함을 역설적으로 증명해낸 셈이다.

법은 작동할 때 비로소 그 모습을 드러낸다. 평온한 시기에는 도서관 구석에서 먼지만 쌓여가던 낡은 법전처럼 보이지만, 위기의 순간에는 가장 강력한 무기가 된다. 지난 몇 년간 잊고 지냈던 우리 헌법은 그저 작동할 필요가 없었을 뿐, 단 한 순간도 잠들지 않고 제자리를 지키고 있었다.

4부

지역에서 정치의 희망을 찾다

거대한 위기를 극복하고 국가의 시스템을 바로 세웠다. 그러나 그것만으로 우리의 삶이 온전히 나아졌다고 말할 수 있을까? 이제 시선을 중앙의 거대 담론에서 우리 삶과 가장 가까운 곳으로 돌려야 한다. 어쩌면 정치에 대한 희망의 씨앗은 여의도가 아닌, 우리 동네의 골목길에서 자라고 있는지도 모른다. 내 삶에 직접 닿는 동네의 정치를 통해, 우리는 민주주의의 마지막 퍼즐을 완성할 수 있을 것이다.

"민주주의의 완성은 우리 동네에서 시작된다."

10
내 삶에 직접 닿는 지역정치

일곱 장의 투표용지

비상계엄 선포와 국회의 탄핵소추, 그리고 헌법재판소의 파면 결정에 이르기까지, 우리는 중앙정부의 권력이 어떻게 작동하고, 때로는 어떻게 폭주하며, 또 어떻게 스스로를 지켜내는지를 살펴보았다. 이제부터는 시선을 지역으로 돌려, 우리 삶의 구체적인 현장을 들여다볼 차례다.

대한민국 국민은 크게 세 종류의 선거를 통해 자신의 대표를 뽑는다. 5년에 한 번씩 나라의 대통령을 뽑는 대통령 선거(대선), 4년에 한 번 국회의원을 뽑는 국회의원 선거(총선), 그리고 이들과 함께 우리 동네의 살림꾼을 뽑는 전국동시지방선거(지선)다.

투표장에 가본 경험이 있다면, 선거마다 받아 드는 투표용지의 수가 다르다는 것을 알 것이다. 대통령 선거에서는 단 한 장의 투표용지에 소중한 권리를 행사한다. 국회의원 선거에서는 내가 사는 지역구의 국회의원을 뽑는 용지 한 장과 지지하는 정당에 투표하는 비례대표 용지 한 장, 총 두 장을 받는다.

그런데 지방선거 투표소에 들어서는 순간, 우리는 무려 일곱 장에 달하는 투표용지를 받는다. 광역단체장(특별시장·광역시장·도지사), 기초단체장(시장·군수·구청장), 광역의원(시·도 의원)과 기초의원(시·군·구 의원)을 각각 지역구와 비례대표로 뽑고, 여기에 교육감까지 선출해야 하기 때문이다.

일곱 장의 투표용지는 국회와 대통령으로 대표되는 '중앙정치'만큼이나, 우리 삶 가까이에 수많은 '지방자치'의 영역이 존재한다는 사실을 보여준다. 그럼에도 우리는 흔히 TV 뉴스에 나오는 국회의원들의 고성과 막말, 정쟁을 보며 정치를 이야기한다. 대통령이 누구인지, 어느 정당이 다수당인지가 국가의 명운을 결정한다고 믿는다.

사실 우리가 오늘 아침 집을 나서며 밟는 보도블록의 상태, 아이들이 다니는 학교 앞 횡단보도의 안전성, 분리수거 쓰레기를 며칠에 한 번 수거하는지와 같은 문제들은 대통령이나 국회의원이 아닌, 그 일곱 장의 투표용지로 선출된 지역 정치인들이 결정한다. 정작 내 삶의 질을 구체적으로 바꾸는 정치는 가장 가까운 곳, 바로 지역에 있는 셈이다.

지방정부와 지방자치단체

우리 지방자치법은 지방자치를 광역과 기초, 두 개의 층위로 구분한다. 먼저 광역지방자치단체는 특별시, 광역시, 도 단위이며, 기초지방자치단체는 시·군·구 단위로서 광역지방자치단체의 관할구역 안에 있다. 지역 주민의 생활과 밀접한 관련이 있는 사무는 원칙적으로 기초단체의 사무로, 기초가 처리하기 어려운 광역적 사무는 광역단체의 사무로, 그리고 광역이 처리하기 어려운 국가적 사무는 중앙정부의 사무로 배분하도록 하고 있다. 중앙에서 지역으로 내려올수록 우리 삶에 더 밀접한 사무를 다루게 되는 구조다.

여기서 의문이 하나 생긴다. 중앙정치를 담당하는 곳이 중앙정부라면, 지역의 정치를 담당하는 곳은 '지방정부' 혹은 '지역정부'여야 하지 않을까? 하지만 우리의 법과 제도는 '지방정부'나 '지역정부'라는 이름 대신 '지방자치단체'라는 딱딱한 용어를 쓴다. 이 사소해 보이는 단어의 차이에는 한국 지방자치의 현실과 한계가 고스란히 담겨 있다.

'정부(government)'는 입법, 사법, 행정권을 아우르는 독립적인 통치 기구를 의미하지만, '단체(entity)'는 어딘가에 소속된 하위 조직이라는 뉘앙스를 풍긴다. 이는 과거 중앙정부가 지방자치단체장을 직접 임명했던 시대의 흔적이다. 실제로 1995년 민선 지방자치가 전면 실시되기 전까지, 단체장은 주민이 뽑는 선출직이 아니라 중앙정부가 내려보내는 임명직 공무원이었다. 이처럼 중앙정부의 권위 아래 지역의 자율성이 온전히 뿌리내리지 못했던 역사가 '단체'라는 상징적인 단어에 고스란히 남아 있는 것이다.

'지방정부'가 아닌 '지방자치단체'라는 용어를 사용하게 된 데에는 대한민국이 중앙정부가 국가의 주권을 독점적으로 행사하는 단일국가(unitary state)라는 점이 핵심적인 배경으로 작용한다. 헌법과 법률에서 사용하는 '지방자치단체'라는 용어는 지방이 고유한 주권을 가진 '정부'가 아니라, 중앙정부로부터 자치권을 위임받아 제한된 범위 내에서 행정사무를 처리하는 '법인체' 또는 '기관'이라는 성격을 명확히 하려는 의도를 담고 있다.

다시 말해, 현재의 법체계는 지방자치를 국가 주권의 일부를 지역 주민에게 나누어주는 '권력의 분점'이 아니라, 중앙정부의 통치 효율성을 위해 행정사무의 일부를 위임하는 '기능의 분담' 관점에서 바라보는 시각이 강하게 남아 있다. 이러한 시각은 '단체'라는 용어를 통해 지방의 역할을 중앙정부의 하위 파트너로 규정하며, 이는 자연스럽게 단체장 중심의 행정 권한 강화와 의회의 기능 약화로 이어지는 법적·심리적 토대가 되어왔다.

이러한 중앙정부 중심의 수직적 통치 구조, 즉 행정기관이 일방적으로 결정하고 집행하는 방식을 '거버먼트(Government)'라고 부른다. 하지만 최근 우리 사회는 지방자치단체, 시민, 기업, 전문가 등 다양한 사회 구성원들이 수평적 네트워크를 이루어 함께 문제를 해결하는 '거버넌스(Governance)' 시대로 나아가고 있다. 지방자치의 성공 역시 단체장 중심의 일방적 통치에서 벗어나 거버넌스 체제를 얼마나 성공적으로 안착시키느냐에 달려 있다.

지방자치는 이러한 중앙집권적 통치 구조와 단체장 중심의 행정체계가 가진 한계를 극복하고, 주민이 지역의 주인이 되는 진정한 '풀뿌리 민주주의'를 지향한다. 최근 '지방자치단체' 대신 '지방정부'라는 용어를 사용하려는 움직임은 이러한 변화를 상징적으로 보여준다. 이는 단순한 명칭 변경이 아니다. 중앙정부의 사무를 위임받아 처리하는 '단체'가 아닌, 주민을 대표하여 중앙정부와 동등하게 협력하는 '정부'로서의 위상을 확립하려는 것이다. 나아가 단체장이 독점해온 행정권한을 지방의회와 주민들에게 분산시켜, 진정한 의미의 거버넌스를 실현하려는 정치적 선언이기도 하다.

기울어진 운동장, 지방정부

중앙정부의 권력이 입법·사법·행정으로 나뉘어 서로를 견제하듯, 우리가 흔히 '지방정부'라고 부르는 지방자치단체 역시 권력이 분립되어 있다. 주민이 직접 선출한 시장·도지사·구청장 등이 행정을 책임지는 집행기관(시청·도청·구청)의 역할을 하고, 마찬가지로 주민이 직접 선출한 지방의원들이 모인 지방의회는 입법기관 역할을 하면서 서로를 견제한다.

하지만 이 구조는 처음부터 기울어진 운동장이다. 대한민국 헌법 제118조는 "지방자치단체에 의회를 둔다"고 명시하

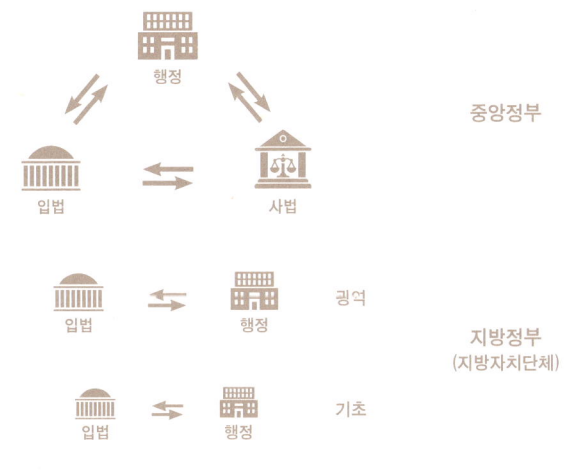

우리 정부의 권력분립 구조

고 있기 때문이다. 의회가 자치단체의 하위 기관처럼, '단체에 소속된' 형태로 규정되어 있는 것이다. 용어 하나가 만드는 권력의 무게는 생각보다 더 무겁다. 이 미묘한 차이가 현실에서는 단체장에게 막강한 권한을 부여하는 법적, 심리적 근거가 되어왔다.

1987년 민주화 이후, 중앙정치에서는 대통령의 권력이 국회로 상당히 넘어왔다. 제왕적 대통령이라는 비판 속에서도 국회는 예산, 입법, 인사청문회 등 막강한 권한으로 행정부를 견제하며 권력의 균형을 맞춰왔다. 그러나 지방정부에는 그런 극적인 계기가 없었다. 여전히 지방의회는 '단체장의 거수기'라는 오명에서 자유롭지 못하며, 집행부의 힘이 의회를 압도하는 현실은 크게 변하지 않았다.

그 단적인 증거가 바로 조례안 발의 현황이다. 국회에서 법안은 대부분 국회의원이 직접 발의하지만, 지방의회에서는 오랫동안 단체장이 발의하는 조례안이 압도적으로 많았다. 의회가 스스로 입법하기보다 집행부가 만들어 온 안건을 통과시키는 역할에 머물렀다는 뜻이다. 다행히 최근 들어 지방의원들의 역량이 강화되면서 의원 발의 조례안 비율이 점차 높아져 단체장 발의를 넘어서는 수준에 이르렀지만, 여전히 갈 길은 멀다.

광역의원과 기초의원의 공통점과 차이점

지방자치단체가 광역과 기초로 나뉘듯 지방의회는 다시 광역의회와 기초의회로 구분된다. 두 의회 간의 법적 권한 차이는 크지 않다. 헌법재판소 역시 "광역과 기초의 차이는 지방자치단체의 종류의 차이에 불과할 뿐, 지방분권이라는 자치기능에 있어서는 본질적인 차이가 없다"라고 판시한 바 있다.

지방의회의 기능과 역할은 크게 네 가지 핵심 축으로 나눌 수 있다.

첫째, 입법기능이다. 지방의원은 주민의 삶에 직접 영향을 미치는 지역의 법, 즉 '조례'를 만들고 개정하며 폐지하는 권한을 갖는다. 이 조례 제정 활동은 지방의회의 가장 핵심적인 기능으로, 지역의 현안을 제도적으로 해결하고 집행부를 견제하는 중요한 수단이 된다.

둘째, 주민대표기능이다. 지방의원은 선거를 통해 주민으로부터 권한을 위임받은 대표자다. 따라서 주민들의 청원이나 민원을 처리하고, 공청회나 간담회를 통해 다양한 의견을 수렴하며, 이를 정책과 예산에 반영해야 할 의무가 있다. 주민과 행정 사이의 공식적인 소통 창구인 셈이다.

셋째, 의결기능이다. 지방의회는 지역의 한 해 살림살이를 짜는 예산을 심의하고 확정하며, 쓰인 돈이 적절했는지 결산을 승인하는 막강한 권한을 가진다. 그뿐만 아니라 세금, 수수료 등 주민 부담과 관련된 사항, 중요한 공공시설의 설치와 처분 등 지역의 주요 정책을 최종적으로 결정하는 의결권을 행사한다.

넷째, 통제기능이다. 지방의회는 행정사무 감사와 조사를 통해 지방자치단체장이 이끄는 집행부의 업무를 감시하고 견제한다. 행정사무 처리 상황을 보고받고 질의하며, 필요한 서류 제출을 요구함으로써 집행부가 권한을 남용하지 않고 투명하게 운영되도록 통제하는 것이다.

이처럼 지방의원은 입법, 주민대표, 의결, 통제라는 네 가지 핵심 기능을 수행한다. 이는 광역의원이든 기초의원이든 모든 지방의원에게 공통으로 부여된 책무다.

다만, 의정활동의 현장에서 두 의원의 역할은 미묘한 차이가 있다. 먼저 광역의원에게는 거시적인 시각과 정치적 협상력이 요구된다. 광역자치단체에는 '특별조정교부금' 배분 사무가 주어지는데, 이 교부금 배분 과정에는 필연적으로 정치적 요인이 개입된다. 광역단체장이나 지역 국회의원과의 관계, 의회 내에서의 정치적 영향력 등이 예산 확보에 중요한 변수로 작용하기 때문이다. 따라서 광역의원은 거시적인 예산 흐름을 읽고, 중앙정부 및 다른 정치인들과 협상하여 지역에 더 많은 자원을 가져오는 정책 전문성과 정치적 역량이 핵심이다.

반면, 기초의원은 주민과의 직접적인 관계가 중요하다. 기초의원은 주민들과 최일선에서 접촉하며, 그들의 구체적인 요구사항을 듣고 권리와 이익을 지켜주는 1차적 대리인의 역할을 수행한다. 그들은 아파트 단지의 소음 문제, 상가 앞 불법 주차 문제, 학교 앞 통학로 안전 문제와 같은 삶의 현장이 기초의원의 활동 무대다. 따라서 기초의원에게는 주민들의 다양한 의견을 듣고 소통하고, 때로는 상반된 요구를 지닌 이들 사이에서 갈등을 중재하는 현장 중심의 역할이 더 중요해진다.

실제로 의원실에서 지역구 업무를 하며 가장 밀접하게 논의하는 업무 파트너는 지방의원들이다. 지역구의 많은 업무가 중앙정부보다는 지방자치단체 소관 사무인 경우가 대다수이기 때문이다. 도청, 시청, 구청 등 지방자체단체가 미처 챙기지 못한 예산이나 사업, 곳곳에서 터져 나오는 주민들의 민원은 지방의원들의 의정활동을 통해 반영된다.

대학생들의 아이디어, 지역의 조례가 되기까지

이처럼 주민의 삶 가장 가까운 곳에서 시작해 구체적인 변화를 만드는 정치가 바로 지방자치다. 중앙정치의 거대 담론보다 내 삶의 문제를 해결해줄 때, 사람들은 비로소 정치가 현실을 바꾼다는 '효능감'을 느낀다. 김현미 의원실에서 운영했던 '대학생명예보좌관' 프로그램은 그 가능성을 생생하게 보여준 경험이었다.

나는 대학생들이 '정치가 실제로 현실을 바꾼다'는 효능감을 직접 맛보게 하고 싶었다. 하지만 국회에서 법안 하나가 통과되려면 오랜 시간이 걸리고, 그 영향의 범위가 워낙 커서 변화를 직접 체감하기는 어렵다. 당시 몇몇 의원실에서 운영하던 비슷한 프로그램들은 대부분 이런 한계를 넘어서지 못하고, 국회 법안 만들기를 돕거나 사무를 보조하는 역할에 그치는 경우가 많았다.

당시 의원실에 함께 근무했던 최진우 비서의 아이디어를 바탕으로 약 6개월간 우리 생활과 밀접한 지역 문제를 발굴하고, 정책으로 해결하는 프로그램을 기획했다. 명예보좌관들에게는 '내가 체감하는 지역 문제'를 주제로 정책을 제안하는 과업이 주어졌다. 지역 버스노선 개편, 공영주차장 확충, 민주시민교육 의무화, 청소노동자 휴게공간 보장, 북한이탈주민 지원 확대 등 생활 현장에서 길어 올린 다양한 아이디어가 쏟아져 나왔다.

프로그램의 성공을 이끈 결정적 조력자는 당시 경기도의원이었던 김영환 국회의원이었다. 국회 정책보좌관 출신으로 '정책 전문 도의원'이라는 새로운 길을 개척하던 그는 대학생들의 아이디어를 정책과 조례로 구체화했다. 그리고 경기도 의회 도정질문에 직접 조례안들을 들고 나가 도지사에게 정식으로 소개했다.

> 고양 출신 김영환입니다. 대학생들이 저희 지역에서 제안한 조례 2건이 있습니다. 제가 본회의장 이 도정질의까지 이렇게 우리 지역 대학생들의 건강한 사고, 진정한 문제의식 이런 것들을 우리 도민들에게도 좀 알리고 싶어서 이렇게 같이 가지고 올라왔는데요. 조례 제안 2건부터 우리 도의원들과 그리고 도지사, 교육감과 함께 공유하겠습니다. (…) 정말 건강하지 않습니까? 저런 지성들이 이제 막 싹 틔우고 지역사회를 이끄는 일꾼들입니다. 그러면 우리 은퇴해야 될 시기가 빨라지는 것 같습니다. 저런 대학생들이 치고 올라오면 우리는 이제 일할 게 없잖아요. 참신한 아이디어들, 정말 정직한 사고, 건강한 사고가 우리 지역사회를 딱 떠맡으면 우리 빨리 나가야 됩니다. 그 이상 하든지.

그의 공식적인 발언은 청년들의 아이디어가 공신력을 얻고, 실제 입법으로 이어지는 결정적인 다리가 되어주었다. 대학생들의 상상력이 정책으로 이어지는 구체적인 경로를 설계해 준 것이나 다름없었다.

결과는 놀라웠다. 〈경기도 청소년 노동인권 보호 및 진흥 조례〉, 〈경기도 여성장애인 임신·출산·양육 지원 조례〉 등 4건의 조례가 실제로 제정되어 시행된 것이다.[28] 책상 위에서 머물 뻔했던 대학생들의 아이디어가 지역사회를 바꾸는 살아 있는 제도로 탈바꿈하는 순간이었다.

이 경험은 대학생 명예보좌관들에게 정치를 통해 세상을 바꿀 수 있다는 믿음을 심어주었다. 스스로 발굴한 문제가 제도를 통해 해결되고, 그 변화를 이웃들이 체감하는 과정을 온몸으로 겪었기 때문이다. 정치적 효능감이라는 단단한 근육을 얻은 셈이다. 지금도 이 프로그램을 거친 많은 이들이 각자의 자리에서 정당 활동을 이어가는 이유일 것이다.

결국 정치의 문턱을 낮추기 위해서는 구호를 외치는 일에 그쳐서는 안 된다. 삶의 언어를 정치로 연결하고, 그 과정에서 성공의 경험을 만들어주어야 한다. 이는 중앙정치보다 지역정치에서 훨씬 더 강력하고 선명하게 실현될 수 있다.

창의적 행정의 모델, 이재명표 지방자치

중앙정치의 거대 담론이 때로 공허하게 들리는 이유는 우리 일상과의 괴리 때문이다. 반면 지방자치는 도로 및 보도블록 정비, 공원 조성, 쓰레기 분리수거 등 현장과 맞닿은 업무를 다룬다는 점에서 그 변화를 더 가깝게 체감하고 정치적 효능감을 느끼게 한다. 이 지점에서 지방자치단체는 국가 전체의 정책 혁신을 견인한다.

성남시장과 경기도지사 시절 이재명이 보여준 행정은 지방자치가 얼마나 역동적으로 작동할 수 있는지를 보여주는 대표적인 사례다. 지방자치는 본래 주민의 삶과 가장 가까운 곳에서 시작되는 '창의의 영역'이어야 한다. 지역의 특수성과 주민의 다양한 요구를 반영한 정책이 탄생하고 실현되기 때문이다. 그러나 현실의 지방자치는 중앙정부가 정해놓은 법령과 예산의 틀 안에 갇혀 창의성을 발휘하기 어려운 구조적 한계에 부딪히곤 한다.

성남시장 시절의 이재명은 그 구조적 한계에 정면으로 도전했다. 그는 지방자치를 중앙정부의 하위 행정 단위가 아닌, 독자적인 정책을 생산하는 혁신의 주체로 규정했다. 당시 〈사회보장기본법〉은 지방정부가 새로운 복지 정책을 추진할 때마다 '중앙정부와의 협의'를 거치도록 했다. 그런데 이재명 시장은 이 조항이 지역의 창의성을 옭아매는 낡은 관행의 핵심이라고 보았다.

그의 도전은 중앙정부와 극심한 갈등을 빚었던 '3대 무상복지(청년배당, 무상교복, 공공산후조리)' 정책으로 구체화되었다. 당시 갈등의 쟁점은 '사회보장기본법 제26조'였다. 이 조항은 지방자치단체가 새로운 사회보장제도를 만들거나 변경할 때 보건복지부장관과 '협의'하도록 규정하고 있다. 중앙정부는 이 '협의'를 사실상의 '승인'으로 해석해왔다. 각 지자체가 중앙정부와 조율 없이 복지 제도를 만들면 지역 간 위화감을 조성하고 국가 전체의 재정 건전성을 해칠 수 있다는 논리였다.

보건복지부는 〈사회보장기본법〉의 협의 절차를 위반했다는 점을 근거로 성남시에 '불수용(不受容)' 결정을 통보했다. 이는 정책을 직접 무효화하는 강제 조치는 아니었지만, 해당 사업을 '법령 위반 지출'로 규정함으로써 지방교부세법에 따른 교부세 삭감이라는 강력한 재정적 압박을 가하기 위한 명분을 확보한 결정적 조치였다.

이재명 시장은 이 정책들이 단지 예산의 문제가 아니라, 낡은 관행을 깨고 지방자치의 본질을 되찾으려는 '창의적 행정'의 시도임을 분명히 했다. 그는 중앙정부와의 협의과정에서 '불수용' 통보에 물러서는 대신, 이를 '지방자치에 대한 부당한 개입'이라 규정하고 오히려 갈등을 공론화했다.

특히 무상교복 정책은 그의 행정 철학을 압축적으로 보여준다. 이는 단순히 학생에게 교복을 나눠주는 복지를 넘어, 지역 내 영세업체를 '사회적 협동조합'으로 묶어 지역경제를 활성화하고, 대기업이 장악한 교복 시장의 가격 거품까지 빼겠다는 정교한 정책 설계였다. 오직 지역의 현실에 발을 딛고 선

지방정부만이 상상하고 실행할 수 있는 창의의 영역이었다.

결국 이재명 시장의 도전은 '지방정부는 어디까지 자율적일 수 있는가'라는 근본적인 질문을 한국 사회에 던졌다. 그의 행보는 때로 거칠고 논쟁적이었지만, 법과 관행이라는 이름 아래 묶여 있던 지방자치의 잠재력을 일깨우고, 그것이 본래 창의와 혁신의 공간이었음을 증명하려는 분명한 목표를 향하고 있었다.

한편, 경기도지사로서 이재명은 성남의 실험을 국가적 차원으로 확장하는 무대에 섰다. 특히 수십 년간 해결되지 않던 난제를 지방정부가 먼저 풀어내고, 이를 국가 표준으로 만들어낸 사례들은 지방자치의 힘을 극적으로 드러낸다.

수술실 CCTV 의무화가 대표적인 예다. 의료사고에 대한 국민적 불안에도 불구하고, 수술실 CCTV 설치는 의료계의 반발로 국회에서 오랫동안 표류했다. 2018년, 이재명 경기도지사는 도립의료원에 선도적으로 CCTV를 설치하고 운영하며 실증 데이터를 축적했다. '의료 행위가 위축될 것'이라는 우려와 달리, 부작용이 미미하다는 사실이 증명되자 반대 명분은 힘을 잃었다. 결국 지방정부의 선도적인 실험이 국가 전체의 법을 바꾸는 결정적인 계기가 된 것이다.

우리가 지방자치단체장을 선거로 뽑는 이유는 명확하다. 정해진 법과 절차에 따라 움직이는 관료 조직의 경직성을 넘어, 현장에 밀착한 창의적인 해법으로 지역의 묵은 과제들을 풀어내라는 것이다. 그리고 주민의 삶을 실질적으로 향상시키라는 것이다. 이재명 당시 시장과 도지사는 그런 주민의 기대를 정면으로 마주하고 결과로 증명해낸 단체장이었다.

지방정부는 현장과 가깝고 상대적으로 신속한 의사결정이 가능하다. 여기에 단체장의 창의성, 추진력, 역량까지 모아진다면 그 효과는 극대화된다. 결론적으로 이재명 시장과 도지사의 사례는 지방자치가 단순히 중앙정부의 위임사무를 처리하는 것을 넘어, 사회적 난제를 해결하고 국가적 의제를 선도하는 혁신의 심장이 될 수 있다는 사실을 분명하게 보여주었다.

지역이 바꾼 삶의 정책

이재명표 지방자치가 보여준 '창의적 행정'의 가능성은 비단 성남시와 경기도에만 국한되지 않는다. 전국 각지의 지방자치단체들이 주민의 일상적 불편을 포착하고, 작지만 의미 있는 혁신으로 답하며 서로를 자극하고 있다. 지역에서부터 만들어진 변화를 볼 때마다 그 소박함 속에 담긴 거대한 가능성을 목격한다.

가장 대표적인 사례는 여름철에 흔히 볼 수 있는 횡단보도 옆 대형 그늘막이다. 지금은 어느 곳에서나 볼 수 있는 익숙한 시설물이지만, 이 그늘막은 2015년 한 지방자치단체에서 처음 시작됐다. 횡단보도 아래서 뜨거운 햇빛을 손으로 가리는 사람들을 본 구청장이 아이디어를 냈고, 파라솔 형태의 그늘막을 도입했다.

처음에는 도로 한복판 그늘막을 시설물로 분류할 규정이 없어 도로법상 불법시설물로 분류기도 했다. 하지만 주민들의 압도적인 지지와 긍정적인 평가로 정책의 효용성이 입증되자, 행정안전부는 '그늘막 설치 지침'을 마련하여 그늘막을 합법적 도로시설물로 공식 인정했다.[29] 한 지방자치단체의 작은 시도가 전국 단위의 법규와 제도를 바꿔낸 것이다.

다른 도시에서도 흥미로운 시도가 있었다. 가을의 은행나무는 아름다운 단풍을 선사하지만, 바닥에 떨어진 은행 열매의 악취는 늘 골칫거리였다. 수많은 지방자치단체들이 문제를 해결하기 위해 다양한 방법을 동원해왔지만, 뾰족한 수가 없었다.

그 지역 시장은 은행나무 기둥에 깔때기형 그물망을 설치하자는 아이디어를 냈다. 열매가 바닥에 떨어지기 전에 받아내려는 단순한 아이디어였지만, 그 효과는 확실했다. 현장의 문제를 가장 단순하고 효과적인 방법으로 해결할 수 있다는 사실을 증명한 셈이었다. 횡단보도 그늘막처럼 은행 열매 그물망 역시 전국 곳곳에서 볼 수 있다.[30]

물리적인 시설 개선을 넘어, 주민들이 매일 사용하는 일상의 디자인을 혁신한 사례도 있다. 서초구에 방문했을 때, 길거리에 버려져 있는 쓰레기 종량제 봉투의 디자인에 놀란 경험이 있다. 일반적으로 쓰레기종량제 봉투는 많은 정보가 빽빽하게 적혀 있어 가독성이 떨어지고, 올바른 분리배출을 위한 정보전달 매체로서의 기능을 제대로 하지 못하는 것이 현실인데, 서초구의 쓰레기봉투는 복잡한 텍스트 대신 그림문자(픽토그램)를 활용해 핵심 정보를 직관적으로 보여주고 있었다.

　나중에 알고 보니 UX 디자이너 출신의 한 지방의원이 자신의 전문성을 살려 새로운 디자인을 제안하고, 실현한 것이었다. 주민들의 반응 역시 긍정적이었다. 이 작은 변화는 주민들의 일상을 바꾸는 동시에 다른 지자체의 관심을 끌며 새로운 표준의 가능성을 보여주고 있다.[31] 지방의원의 전문성이 어떻게 주민들의 체감도 높은 정책 변화로 이어질 수 있는지를 보여주는 좋은 사례다.

　이처럼 지방자치의 창의성은 무궁무진하다. 거창한 정책이 아니어도, 주민의 불편을 세심하게 관찰하고 현장 맞춤형 해법을 제시하는 것만으로도 삶의 질은 크게 달라진다. 한 지역의 작은 실험이 전국적 변화로 이어지는 이런 사례들이야말로 우리가 지방자치에 기대하는 진정한 가치다. 현장을 바꾸는 지방자치의 힘은 이미 전국 곳곳에서 증명되고 있다.

11
지방자치 무용론의 슬픈 기원

김대중의 단식, 그리고 30년의 실험

1990년 10월, 당시 평화민주당 총재였던 김대중은 지방자치제 전면 실시를 요구하며 13일간의 단식 투쟁에 돌입했다. 지방자치가 풀뿌리 민주주의의 근간이라는 그의 신념은, 3당 합당으로 탄생한 거대 여당의 독주를 막고 권력을 국민에게 돌려주기 위한 처절한 저항이었다. 결국 그의 투쟁은 결국 결실을 맺었고, 1995년 지방자치단체장과 지방의원을 동시에 선출하는 제1회 전국동시지방선거를 치르며 본격적인 지방자치 시대를 맞이하게 됐다.

이론적으로 지방자치는 민주주의와 행정 효율성, 지역 발전을 동시에 달성할 수 있는 이상적인 제도다. 그리고 앞서 살펴봤듯, 지난 그 성과 역시 분명했다. 중앙정부의 획일적인 정책에서 벗어나, 각 지역의 특성에 맞는 창의적인 정책들이 등장했고, 주민들의 삶과 직결된 문제들이 행정의 우선순위가 되기 시작했다.

그럼에도 불구하고, 현실에서는 오히려 "지방자치가 필요 없다"는 '지방자치 무용론'이 끊임없이 고개를 든다. 이토록 이상적인 제도가 왜 현실에서는 불신과 냉소의 대상이 되고 마는 것일까.

기대와 불신 사이: 주민 만족도라는 거울

2023년 한 조사 결과는 이 괴리를 명확히 보여준다. 주민의 76%가 자신이 거주하는 광역자치단체에 소속감을 느끼고, 60%는 지역에 자부심을 가진다고 응답했다. 하지만 정작 지방자치단체장이나 지방의원이 주민 의견을 충분히 반영하느냐는 질문에는 응답자의 56%가 '그렇지 않다'고 답했다. 또한, 지자체가 역할을 바르게 수행하고 있다는 긍정 평가는 43%에 그쳤다.[32] 주민들이 지방자치의 주체임에도, 자신들의 의사가 제대로 대표되지 못하고 있다고 생각하고 있는 것이다.

이러한 주민들의 인식은 다른 조사에서도 일관되게 나타난다. 2024년 한 조사에서는 응답자의 68%가 지자체에 의견을 제시하거나 참여할 기회가 충분하지 않다고 답했으며, 61%는 지역 주민들이 지역의 일에 적극적으로 참여하지 않는다고 느끼는 것으로 나타났다. 심지어 지자체장으로 누가 당선되더라도 자신의 생활에는 변화가 없을 것이라는 응답이 71%에 달했다. 지방자치제도의 효용성에 대한 깊은 불신은 여전히 해소되지 못하고 있다.

권력은 어떻게 실패하는가: 단체장을 향한 비판

지방자치에 대한 주민들의 비판은 지역 권력의 양대 축인 단체장과 지방의회를 향한다. 단체장에 대해서는 '독선, 오만, 부패'라는 신랄한 비판이 주를 이룬다. 그 배경에는 단체장에게 집중된 막강한 권한이 있다. 단체장은 해당 지방자치단체에 대한 인사권, 예산편성권, 각종 인허가권을 손에 쥐고 지역사회에 절대적인 영향력을 행사한다.

특히 단체장의 업적 쌓기를 위한 전시성, 선심성 사업 남발은 예산 낭비의 주범으로 지목된다. 언론보도에 따르면, 경남 거제시의 거북선은 16억 원의 예산을 투입하고도 결국 땔감으로 폐기됐고, 부산 수영구에서는 110억 원을 들여 컨테이너를 쌓아 복합문화공간 '비콘그라운드'를 지었지만 찾는 이가 없어 흉물로 전락했다. 대구 군위군에서는 1,220억 원이란 천문학적인 예산을 쏟아 부은 '삼국유사테마파크'가 방문객 부족으로 허덕인다. 심지어 강원 원주시에서는 활용할 폐철로를 매입하기도 전에 54억 원짜리 관광열차부터 덜컥 사들여 애물단지로 전락시키는 코미디 같은 일이 벌어지기도 했다.[33]

이러한 사업들은 주민들의 실질적인 필요보다 단체장의 정치적 목적을 우선시한 결과물이라는 점에서 주민들의 공분을 사고 있다.

신뢰의 추락: 외면받는 지방의회

견제받지 않는 권력은 필연적으로 독선과 오만으로 흐르기 쉽다. 따라서 우리 헌법은 단체장의 독주를 막을 가장 강력한 제도적 장치를 마련하도록 하고 있다. 바로 주민을 대표하는 지방의회다.

이론적으로 지방의회는 집행부를 감시하고 예산을 심의하며, '지역의 법'인 조례를 만드는 핵심적인 역할을 수행한다. 실제로 지방의회는 지난 30여 년간 지역 현안을 공론화하고 민원을 해결하며, 지역 행정의 민주화에 기여해온 긍정적인 측면이 있다.

국회의원 보좌진으로 일하며, 현장에서 가장 안타까웠던 것 중 하나는 지방의회가 마주한 현실이었다. 주민들이 체감하는 지방의회의 모습은 이상과 거리가 멀다. 각종 여론조사에서 지방의회와 지방의원에 대한 주민 만족도는 꾸준히 낮게 나타나고 있다. 많은 주민이 지방의회가 자신의 의견을 제대로 대변하지 못하고 있으며, 제 역할을 하지 못한다고 평가한다. 지방자치의 한 축을 담당하는 핵심 기관이 정작 주권자인 주민들로부터 신뢰와 존경을 받지 못하는 역설적인 상황이다.

이러한 불신의 배경에는 먼저 지방의원 개개인을 향한 비판이 있다. 가장 빈번하게 지적되는 문제는 '전문성 부족'이다. 수천억 원에 달하는 예산안이나 복잡한 법률이 얽힌 조례안을 제대로 심의하지 못하고, 집행부가 올리는 안건을 그대로 통과시키는 '거수기' 역할에 그친다는 비판이 끊이지 않는다.

더 심각한 것은 '윤리의식의 결여'다. 특히 '외유성 해외연수' 논란처럼, 주민의 혈세를 마치 개인 돈처럼 사용하며 사실상 관광을 즐기는 행태는 주민들의 분노를 자아낸다. 나아가 지방의원직을 공공 서비스의 기회가 아닌, 명예욕을 채우거나 자신의 사업에 이익을 얻기 위한 수단으로 여기는 지역 유지나 사업가들로 채워지고 있다는 냉소적인 시각도 팽배하다.

왜 전문성과 윤리의식을 갖춘 지방의원이 충분히 나오지 못하는가? 이 현상은 개인의 자질 문제로 치부하기엔 너무나 구조적이고 반복적이다. 나는 문제의 핵심이 기초의원 선거에서 '중선거구제'와 '정당공천제'가 만나 일으키는 구조적 왜곡에 있다고 본다.

한 선거구에서 2~4명을 뽑는 중선거구제는 본래 다양한 정치세력의 대표성을 보장하려는 좋은 취지였다. 하지만 이 제도가 정당이 후보를 결정하는 공천제와 결합하면서, 당초 의도와는 전혀 다른 부작용을 낳았다.

중선거구제 하에서 거대 양당은 각각 최소 1석은 안정적으로 확보할 수 있다. 예를 들어 3명을 뽑는 선거구에서는 더불어민주당 1명, 국민의힘 1명이 사실상 당선을 보장받는 구조다. 이는 곧 '공천이 곧 당선'이라는 공식을 만들어냈다. 정당의 공천장만 받으면 선거운동을 열심히 하지 않아도, 심지어 자질이 부족해도 당선될 가능성이 매우 높은 것이다.

그 결과, 지방의원은 주민의 눈치를 보는 것이 아니라, 공천권을 가진 그 지역 국회의원의 눈치를 보게 된다. 의정활동 역시 주민의 이익이 아닌 소속 정당이나 계파의 이익에 따라 움직이고, 전문성이나 능력보다는 국회의원과의 개인적 친분이나 충성도가 공천의 기준이 되면서 지방의회의 전반적인 전문성 저하를 구조적으로 야기하는 것이다.

이처럼 왜곡된 선거 제도가 가진 문제는 '정책 전문성'보다 '정치적 관계'에 더 익숙한 후보를 정치인으로 만든다. 이는 결국 지방의회가 집행부를 제대로 견제하지 못하고 유명무실

악순환 고리

해지는 결과로 이어진다. 유권자들은 이에 실망하여 정치 불신을 더욱 키우게 되고, 이는 다시 제도 개선에 대한 무관심으로 이어진다. 결국 근본적인 '제도의 문제'가 해결되지 않은 채 악순환의 고리가 완성되는 것이다.[34]

물론 이러한 문제를 단순 선거 제도의 탓으로만 돌릴 수는 없다. 지방의원들 스스로 전문성을 키우고 윤리적 기준을 바로 세우려는 노력을 게을리한다면, 주민들의 불신을 되돌리기는 어려울 것이다. 주민의 대표로서 우월한 정보 접근성을 가지고 있음에도, 이를 주민을 위해 사용하지 않는 것은 지방자치 자체의 존립을 위협하는 일이다.

제도의 족쇄: '2할 자치'와 이름뿐인 자치권

지방자치 무용론의 배경으로 단체장과 지방의원에 대한 불신이 자리 잡고 있지만, 근본적으로 그보다 더 깊은 뿌리에는 한국 지방자치 제도가 안고 있는 구조적 한계가 있다.

첫째는 재정적 예속이다. 우리 지방자치는 '2할 자치'라는 말이 있다. 중앙정부에 권한과 재정이 집중되어 있고, 정작 지방정부가 운영할 수 있는 몫은 20%에 불과하다는 의미다. 실제로 2025년 기준 전국 243개 지방자치단체의 평균 재정자립도는 56.8%에 불과하다.[35] 이는 대다수 지자체가 자체 수입만으로는 소속 공무원의 인건비조차 감당하기 어렵다는 뜻이다. 부족한 재원은 필연적으로 중앙정부가 내려주는 지방교부세와 국고보조금에 의존할 수밖에 없고, 이는 지자체를 중앙정부의 하위 기관으로 전락시킨다.

둘째는 제한된 자치권이다. 지방자치단체는 "법령의 범위 안에서"만 조례를 제정할 수 있다. 이 단서 조항은 지역의 창의적이고 실험적인 정책 추진을 가로막는 가장 큰 걸림돌이다. 자치조직권 역시 마찬가지다. 지역 특성에 맞게 조직을 개편하는 것조차 중앙정부의 승인을 거쳐야 하는 과도한 통제를 받고 있다.

셋째는 기관대립형의 구조적 갈등이다. 단체장과 지방의회를 각각 선출하여 서로 견제하게 하는 모델이지만, 현실에서는 두 기관 간의 대립과 갈등이 끊임없이 발생하며 행정력 낭비와 정책 지연을 초래한다. 특히 단체장에게 대부분의 실질적 권한이 집중된 '강한 단체장, 약한 의회' 구조는 문제를 더욱 악화시킨다.

결국 지방자치는 주민의 목소리에서 출발해 지역의 필요에 맞는 정책으로 완성되는 풀뿌리 민주주의의 이상을 품고 있다. 하지만 앞에서 살펴본 재정적 예속, 제한된 자치권, 구조적 갈등이라는 '제도의 족쇄'는 이러한 이상이 뿌리내리기 어려운 척박한 토양을 만든다. 성공적인 지방자치 모델을 만들고 싶어도 만들기 어려운 구조인 셈이다.

이 지점에서, 이재명 대통령이 성남시장과 경기도지사 시절에 보여준 성과들이 왜 그토록 치열한 '투쟁의 산물'일 수밖에 없었는지 다시금 생각하게 된다.

훈련장이 아닌 민주주의의 완성

한편, 지방자치를 중앙정치의 하위 단계나 예행연습으로 여기는 뿌리 깊은 시선도 존재한다. 정치 신인에게 "지방의원부터 시작해보라"고 조언하는 것이 대표적이다. 언뜻 합리적으로 들리는 이 말에는 지방자치를 중앙으로 가기 위한 경유지이자 정치 신인들의 '훈련장'으로 보는 위험한 전제가 숨어 있다.

하지만 지방자치와 중앙정치는 상하 관계가 아닌, 각자의 영역에서 고유한 역할을 수행하는 대등한 관계여야 한다. 지방자치의 핵심은 '근접성', 즉 주민의 삶과 가장 가까운 곳에서 작동하는 정치라는 데 있다. 쓰레기 수거 주기, 반려동물 놀이터 설치, 주차난 해결 같은 문제들은 지방자치의 영역이다.

국회의원 보좌관으로 일하며 내가 현장에서 깨달은 점도 명확하다. 아무리 유능한 국회의원이라도, 매일 지역 골목을 누비는 지방의원이나 단체장보다 그 지역의 현안을 속속들이 아는 것은 불가능에 가깝다. 지난 30년의 지방자치 역사가 증명하는 것은, 적어도 지역 문제의 발굴과 해결에 있어서만큼은 지역 정치인이 중앙 정치인보다 절대적인 우위에 있다는 사실이다. 이는 누가 더 뛰어나다는 의미가 아니라, 두 정치의 영역과 역할이 근본적으로 다르다는 뜻이다.

이 지점에서 '훈련장'이라는 시각의 폐해가 드러난다. 지방의회를 정치적 출세의 발판으로 여기는 이들이 의회로 유입되면서, 의정활동의 무게중심은 주민의 삶의 질 개선이 아닌, 상급 선거를 위한 인지도 쌓기와 공천권자를 향한 충성 경쟁으로 옮겨간다. 이는 지방의회의 질적 저하와 주민들의 정치 혐오를 심화시키며, 결국 지방자치 무용론에 다시 힘을 싣는 악순환으로 이어진다.

따라서 지방자치가 바로 서기 위해서는 인식의 대전환이 필요하다. 지방자치를 '민주주의의 학교'라는 예비 단계로 보는 시선을 넘어, 그 자체로 완결된 '또 다른 민주주의의 무대'로 존중해야 한다. 국가의 미래를 설계하는 중앙정치가 중요하다면, 주민의 현재를 책임지는 지역정치 역시 똑같은 무게와 가치를 지닌다.

"지방의원부터 시작하라"는 조언이 아니라, "지방의원으로서 당신의 정치를 완성하라"는 존중의 언어가 필요하다. 지방자치를 민주주의의 훈련장이 아닌, 그 자체로 완결된 무대로 존중할 때, 우리의 풀뿌리 민주주의는 비로소 단단하게 뿌리내릴 수 있을 것이다.

12
거버먼트의 시대에서 거버넌스의 시대로

대표인가, 대리인가?

1774년, 영국의 정치사상가 에드먼드 버크는 브리스톨 유권자들을 향해 정치사의 가장 유명한 연설 중 하나를 남겼다.

> "여러분의 대표는 근면성뿐만 아니라, 그의 판단력 또한 여러분에게 빚지고 있습니다. 만약 그가 여러분의 의견을 위해 자신의 판단력을 희생한다면, 그는 여러분을 섬기는 대신 배신하는 것입니다."

이 말은 250년이 지난 오늘날 민주주의의 심장을 꿰뚫는 질문을 던진다. 선출된 정치인은 주권자의 뜻을 그대로 따르는 충실한 '대리'여야 하는가, 아니면 때로는 주권자의 뜻을 거슬러서라도 공동체 전체의 이익을 위해 자신의 양심과 판단에 따라야 하는 '대표'여야 하는가? 정치인이 주민의 뜻을 거스르고 자신의 소신에 따라 행동했을 때, 우리는 그를 '소신 있는 정치인'이라 불러야 할까, 아니면 '주민을 배신한 대리인'이라 비판해야 할까?

이 고전적인 딜레마를 학문적으로 체계화한 것이 정치학의 '대표성 이론'이다. 1960년대 미국에서는 선출된 정치인들이 어떤식으로 유권자들을 대표해야 하는지, 대표유형을 크게 신탁인형(trustee), 위임인형(delegate),* 정치가형(politico) 세 가지로 구분했다.[36]

구체적으로 살펴보면, 지역 유권자의 의견보다 자신의 전문적 판단과 양심에 따라 국가 전체의 이익을 위해 행동하는 유형이 '신탁인형'이다. 버크가 브리스톨 연설을 통해 주장한 역할이다. 이와 정반대 지점에는 자신의 판단보다 유권자의 요구와 지시를 충실히 따르는 '위임인형'이 있다. 그리고 현실의 많은 정치인은 사안에 따라 두 역할을 오가며 균형을 잡으려는 '정치가형'의 모습을 보이기도 한다.

---

* 대표성 이론의 'delegate' 유형을 '대리인형'으로 번역하는 것이 일반적이지만, 본 책에서는 주인-대리인 이론에서의 대리인(agent)과의 구분을 위해 '위임인형'으로 번역한다.

그렇다면 현실에서 정치인이 이 역할을 두고 고뇌하고 때로는 비판받는 이유는 무엇일까? 왜 그들은 항상 이상적인 대표로서 완벽하게 행동하기 어려운가? 그 구조적인 원인을 이해하기 위해, 우리는 경제학에서 시작된 또 다른 이론인 '주인-대리인 이론'을 살펴볼 필요가 있다.[37] 이 이론은 주인과 대리인 간의 갈등을 필연적으로 보는데, 그 이유는 크게 두 가지다.

첫째, '목표갈등'이다. 회사의 주주(주인)가 전문경영인(대리인)에게 회사 경영을 맡기는 상황을 생각해보면 쉽다. 주인은 대리인이 주가상승, 배당 등에 집중하여, 자신의 이익을 위해 최선을 다해주길 기대하지만, 둘의 이해관계가 항상 일치하지는 않는다. 대리인은 주인의 이익보다 자신의 연봉 인상이나 단기 성과에 더 관심이 있을 수 있기 때문이다.

둘째, '정보비대칭'이다. 대리인인 경영인은 회사 내부 사정을 훤히 알지만, 주인인 주주는 그렇지 못하다. 따라서 대리인은 주인보다 더 많은 정보를 가지고 자신의 이익을 추구할 수 있다.

이는 필연적으로 대리인의 '도덕적 해이'의 문제를 낳는다. 주인이 대리인을 24시간 감시할 수 없는 틈을 타, 회사의 돈으로 불필요한 해외 출장을 가거나, 단기 실적을 위해 장기적인 투자를 포기하는 등 대리인이 주인의 이익에 반하는 행동을 하며 자신의 이익을 챙길 가능성이 생기는 것이다.

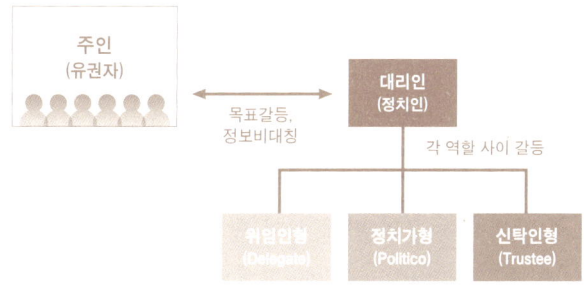

정치인의 대표성 유형과 주인-대리인 이론

이 이론을 정치에 적용하면 문제는 더욱 선명해진다. 유권자(주인)와 정치인(대리인)의 관계가 바로 그렇다. 정치인은 유권자의 이익보다 자신의 재선이라는 목표를 우선할 수 있고(목표갈등), 유권자는 정치인의 모든 의정활동을 속속들이 알 수 없다(정보비대칭).

특히 정치 영역에서는 이 문제가 훨씬 더 복잡하게 나타난다. 기업의 경영자와 달리, 정치인은 뚜렷한 계약서 없이 투표로 선출되고, 각기 다른 생각을 가진 수만 명의 유권자가 주인이 된다.

이 지점이 정치인이 신탁인, 위임인, 정치가형 사이에서 끊임없이 갈등할 수밖에 없는 근본적인 이유다. 그들은 자신의 소신을 따르자니 당장의 재선이 걱정되고, 지지자들의 요구만 따르자니 장기적인 공동체의 이익이 훼손될 수 있다는 현실에 직면한다.

정치인에게 재선은 무엇보다 중요한 목표지만, 국가 전체를 위한 의정활동의 성과가 반드시 유권자의 표로 이어지지는 않는다. 오히려 서로 다른 이해관계를 가진 유권자들의 상충하는 요구 앞에서 누구의 편에 서야 할지 딜레마에 빠지기 쉽다. 이처럼 주인-대리인 관계의 구조적 한계는 정치인이 하나의 역할에 머무르지 못하게 하고, 때로는 유권자의 기대와 다른 선택을 하도록 이끄는 근본 원인이 된다.

국가와 지역, 다른 역할의 대표자

이론적 논의를 우리 현실에 구체적으로 적용해보자. 대한민국 헌법과 법률은 똑같이 국민에 의해 선출된 대표자일지라도, 그가 어디에 서 있는지에 따라 다른 역할을 부여하고 있다.

> **헌법 제46조 제2항** 국회의원은 국가이익을 우선하여 양심에 따라 직무를 행한다.

> **지방자치법 제44조 제1항** 지방의회의원은 공공의 이익을 우선하여 양심에 따라 그 직무를 성실히 수행하여야 한다.

'국가이익'과 '공공의 이익'. 두 단어는 비슷해 보이지만 그 무게와 범위는 다르다. 국회의원은 개별 지역구의 이해관계를 넘어, 거시적이고 장기적인 국가이익을 우선해야 하는 신탁인의 역할에 더 가깝다.

반면, 지방의원은 주민의 삶과 직결된 공공의 이익을 추구해야 하는 지위에 놓여 있다. 이는 필연적으로 눈앞의 '주민요구'와 지역 전체의 '공공의 이익'이 충돌할 때 극심한 긴장관계에 놓이게 됨을 의미한다.

지난 수년간 국회의원 보좌진으로 일하며 지역정치 현장을 경험한 내 관점에서 이상적인 역할 모델을 그려본다면, 국가 전체적 이익을 봐야 하는 국회의원은 '신탁인형'으로, 광역 사무와 기초 단위의 이해관계를 함께 조율해야 하는 광역의원은 '정치가형'으로, 그리고 주민과 최일선에서 만나는 기초의원은 '위임인형'의 역할을 수행하는 것이 바람직하다.

하지만 현실은 이처럼 깔끔하게 재단되지 않는다. 특히 지방의원은 주민들의 구체적인 요구를 외면할 수도, 지역 전체의 공익을 포기할 수도 없는 딜레마의 최전선에 서게 된다. 그렇다면 이 팽팽한 긴장 관계는 실제 정치 현장에서 어떻게 나타나는가? 첨예한 공공갈등의 대표적 사례인 비선호시설 입지 선정 과정을 통해 그 역동적인 모습을 깊이 들여다보자.

늘어나는 이해관계자: 거버넌스의 시험대

인천광역시 서구는 청라소각장 이전을 둘러쌓고 극심한 갈등을 겪고 있다. 이는 내가 모경종 국회의원의 보좌관으로 일하며, 직접 마주하고 있는 현안이기도 하다.

먼저 인천 서구라는 지역의 특수성을 이해할 필요가 있다. 그중에서도 서구에 자리한 검단 지역은 지난 30여 년간 서울, 경기, 인천의 쓰레기를 묵묵히 처리해온 수도권매립지가 위치한 곳이다. 지역 주민들에게 쓰레기 처리 시설은 단순한 혐오시설을 넘어, 오랜 세월 피해를 감내해온 지역적 상처와도 같다.

이러한 역사적 배경 위에 청라소각장 폐쇄 및 이전 문제는 지역사회에 새로운 갈등의 불씨를 던졌다. 청라소각장은 2001년 서구 청라 지역에 처음 문을 열었다. 당시만 해도 인근은 개발이 이루어지지 않은 한적한 곳이었다. 하지만 청라국제도시가 개발이 본격화되면서 상황은 180도 달라졌다. 10만 명이 넘는 주민이 거주하는 대규모 주거단지가 소각장에서 불과 1km 반경 안에 들어선 것이다.

갈등이 수면 위로 떠오른 것은 2015년, 소각장의 내구연한이 다가오면서부터였다. 노후화된 소각장을 이제는 이전해야 한다는 청라 주민들의 목소리가 커졌고, 이는 서구 내 다른 지역에서도 폭넓은 정치적 공감대를 형성했다. 문제는 '어디로 옮길 것인가'였다.

이 문제를 해결하기 위해 서구는 〈폐기물시설촉진법〉에 따라 주민대표, 전문가, 공무원, 그리고 지방의원(서구의회 의원)들이 참여하는 '입지선정위원회'를 구성했다. 하지만 이는 또 다른 갈등의 시작이었다. 위원회가 검단 지역을 유력한 후보지로 검토하기 시작하자, 수도권매립지로 이미 오랜 기간 고통받아온 검단 지역 주민들의 거센 저항에 부딪혔다. 갈등의 구도는 '소각장을 내보내려는 청라 지역'과 '절대 받을 수 없다는 검단 지역'의 첨예한 대립으로 재편되었다.

이 복잡한 갈등의 한복판에서 내가 지켜본 지방의원들의 역할은 고정되어 있지 않았다. 갈등의 단계마다 그들은 복합적이고 역동적으로 변화했다.

먼저 소각장 이전 논의가 막 시작되었을 때, 서구의회는 한 목소리를 냈다. 새로운 후보지가 없었기에 '낡은 소각장 문제 해결'이라는 공익 앞에서는 이견이 없었고, 지방의원들은 문제 해결이라는 큰 그림에 집중하는 신탁인의 모습을 보였다. 정보 교류 역시 개방적이어서 주인(지역 주민)과 대리인(지방의원) 사이의 관계는 평온했다.

하지만 2023년, 입지선정위원회가 본격 가동되자 상황은 달라졌다. '어디로'라는 구체적인 문제가 떠오르자, 지방의원들은 공익과 주민 요구 사이에서 아슬아슬한 줄타기를 시작했다. 이 단계에서 그들은 자신의 소신과 주민 요구 사이에서 전략적으로 균형을 잡으려는 정치가형으로 변모했다. 정보의 흐름도 바뀌었다. 위원회 논의 내용이 외부에 단편적으로 알려지며 갈등이 증폭되자, 지방의원들은 정보 공개에 신중해졌다. 이는 복잡한 정보를 파편적으로 접한 주민들이 공포감에 휩싸여 합리적 토론 자체를 거부하는 상황을 막으려 한 것이다.

갈등이 폭발한 것은 유력 후보지로 검단 지역이 떠오르면서부터였다. '내 지역만은 안 된다'는 절박함이 모든 것을 압도하자, 그때부터 지방의원들의 역할은 더 이상 모호한 균형을 허락하지 않는 것처럼 보였다. 그들은 철저히 지역구 주민의 이익을 대변하는 위임인형으로 변화했다. 심지어 과거 '청라소각장 이전'을 공약했던 지방의원조차 자신의 지역구가 후보지가 되자 반대 입장에 섰다.

특히 정보의 흐름은 소각장 저지를 위한 전략적 무기로 변했다. 지방의원들은 비공개 회의의 민감한 내용을 주민들과 선택적으로 공유했고, 주민들은 이를 바탕으로 공동 대응전략을 세웠다. 둘 간의 관계가 '감시와 통제의 관계'에서 목표가 일치된 '전략적 협력 관계'로 전환된 것이다.

이처럼 지방의원들은 갈등의 단계에 따라 신탁인에서 정치가로, 다시 위임인으로 변화했다. 이는 단순히 입장을 바꾸는 기회주의적 행동이라기보다 복잡한 현실 속에서 해법을 찾으려는 정치의 역동적인 과정 그 자체였다. 이러한 지방의원들의 고뇌와 변화야말로, 행정이 모든 것을 결정하던 과거의 '거버먼트(Government)' 시대를 지나 복잡한 이해관계를 조정해야 하는 '거버넌스(Governance)' 시대로 나아가고 있음을 보여주는 생생한 증거다.

거버넌스 시대는 필연적으로 지방의원을 갈등의 최전선으로 소환한다. 국회의원이 거시적인 국가이익을 논하는 동안, 지방의원은 내 이웃의 재산권과 건강권이 걸린 구체적인 '주민 이익'과 지역 전체가 짊어져야 할 '공공의 이익' 사이의 첨예한 대립을 온몸으로 받아내야 하기 때문이다.

이들이 마주하는 갈등의 강도와 복잡성은 중앙 정치인이 겪는 것과 비교할 수 없을 정도로 직접적이고 격렬하다. 그 결과 지방의원들은 주인(지역 주민)의 뜻을 따르는 위임인이 되어야 한다는 강력한 압박과, 공동체 전체를 봐야 하는 신탁인으로서의 책무 사이에서 끊임없이 자신의 역할을 고통스럽게 재설정해야만 한다.

결국 거버넌스 시대의 성패는, 이처럼 복잡한 갈등의 한복판에 선 지방의원의 역할을 우리 사회가 얼마나 깊이 이해하는지에 달려 있다. 지방자치가 성공적으로 뿌리내리기 위해서는 그들의 역할이 얼마나 중요하고 또 어려운 것인지를 인정하는 데서부터 논의를 출발해야 한다.

지방자치의 '극적인 계기', 거버넌스

나는 앞서 1987년 민주화 이후, 중앙정부에서는 대통령의 권력이 국회로 넘어왔지만, 지방자치단체에는 그런 '극적인 계기'가 없었다고 주장한 바 있다. 하지만 우리가 기다려온 변화의 조짐들이 수많은 현장에서 나타나고 있다. 그리고 앞으로 그 변화가 본격화될 것으로 기대된다.

최근 청라소각장 사례와 같은 첨예한 공공갈등의 확산과 다양한 이해관계자들의 등장은 역설적으로 지방의회를 단체장의 거수기 역할에서 끌어내려 권력 균형의 무대 중심으로 밀어 올리고 있다. 과거처럼 단체장이 일방적으로 결정하고 밀어붙이는 '거버먼트' 방식으로는 더 이상 지역 갈등을 해결할 수 없다.

입지선정위원회 등 '거버넌스' 무대에서 수많은 주민들이 직접 목소리를 내기 시작하면서, 그들의 대리인인 지방의원은 더 이상 수동적인 역할에 머물 수 없게 되었다. 주민들의 압박은 지방의원들이 집행부를 더욱 적극적으로 감시하고, 주민의 편에 서서 협상하며, 대안을 모색하도록 강제한다. 침체되어 있던 지역정치가 외부 충격을 통해 활성화되는 것이다.

이것이야말로 지방자치의 권력 지형을 바꾸는 거대한 전환이다. 거버넌스의 일상화는 지방의회의 위상과 역할을 근본적으로 재정의하며, 진정한 의미의 견제와 균형을 만들어내는 '극적인 계기'가 되고 있는 것이다.

성공하는 거버넌스를 위하여: 지방의원의 역할

그렇다면 지방의원이 거버넌스 구조 속에서 성공적으로 역할을 수행하기 위해 가장 필요한 역량은 무엇일까? 그것은 바로 '갈등 중재자'로서의 기능이다.

거버넌스는 단순히 다수결의 원칙으로만 작동하지 않는다. 다양한 이해관계자들이 공존하기 때문에 갈등은 필연적이다. 이때 지방의원의 역할은 특정 입장을 대변하는 스피커에 머물러서는 안 된다. '소각장을 내보내려는 청라'와 '절대 받을 수 없다는 검단'처럼 첨예하게 대립하는 주민들 사이에 다리를 놓고, 행정과 주민 사이의 불신의 벽을 허무는 소통의 중심이 되어야 한다.

성공적인 중재자가 되기 위해서는, 입지선정위원회 같은 제도가 공정하고 투명하게 운영되도록 감시하는 역량을 갖춰야 한다. 또한, 복잡한 행정·기술 정보를 주민의 눈높이에 맞춰 설명하고, 그들의 감정적인 반발까지도 끌어안는 소통의 전문가가 되어야 한다. 궁극적으로는 대립하는 양측의 요구를 조금씩 양보하게 만들어, 모두가 완벽히 만족할 수는 없더라도 최소한 수용할 수 있는 합의점을 찾아낼 수 있어야 한다.

결국 거버넌스의 성공은 지방의원이 얼마나 유능한 '중재자'가 되느냐에 달려 있다. 우리의 지방자치가 한 단계 더 성숙하기 위해서는 선거에서 이기는 기술이 아니라 갈등을 해결하고 합의를 만들어내는 기술을 가진 정치인을 키워내고 존중하는 문화가 필요하다.

2026년 지방선거를 바라보며

2025년, 대한민국 정치는 새로운 전기를 맞았다. 윤석열 정부의 헌정 파괴를 바로잡고 출범한 이재명 정부는 소통과 협치를 국정운영의 핵심 기조로 삼았다. 대통령은 타운홀 미팅을 통해 국민을 직접 만나 다양한 현장의 목소리를 듣기 시작했고, 국무위원들에게는 국회를 존중하고 대화할 것을 끊임없이 강조하고 있다. 행정기관이 일방적으로 결정하던 과거에서 벗어나, 다양한 이해관계자와 소통하며 해법을 찾는 '거버넌스'를 이해한 중앙정부가 탄생한 것이다. 국회를 국정의 파트너로 인정하며 발휘하는 입법 리더십은 우리 정치가 나아가야 할 방향을 명확히 보여주고 있다.

하지만 중앙정부가 정상적으로 기능한다고 해서, 우리 삶의 모든 문제가 해결되는 것은 아니다. 이제 우리의 시선은 삶과 가장 가까운 곳인 지역으로 향해야 한다.

앞서 살펴보았듯, 지방정부는 여전히 단체장에게 권력이 집중된 '거버먼트'의 관성에서 완전히 벗어나지 못하고 있다. 그 과정에서 지방의회는 '단체장의 거수기'라는 오명에서 벗어나기 위한 분투를 이어가고 있다. 여기서 청라소각장 사례와 같은 첨예한 공공갈등은 지방의회가 더 이상 수동적인 역할에 머물 수 없도록 강제하고, 권력 지형을 바꾸는 '극적인 계기'를 제공한다.

중앙정부가 보여준 변화의 핵심은 '국회 존중'이었다. 이를 거부하던 윤석열 대통령은 탄핵이라는 파국을 맞을 수밖에 없었다. 그렇다면 이제 지역에서도 같은 질문을 던져야 한다. 우리의 지방의회는 진정으로 존중받고 있는가? 그리고 그 역할을 다할 준비가 되어 있는가?

다가오는 2026년 지방선거를 바라본다. 이제 남은 과제는 중앙정치에서 확인된 성공적인 거버넌스 모델을 우리 동네로 가져오는 것이다. 이를 위해서는 두 종류의 정치인이 모두 필요하다. 첨예하게 대립하는 주민들 사이에 다리를 놓는 '갈등 중재자로서의 지방의원', 그리고 독점했던 권력을 내려놓고

의회 및 시민과 함께 지역의 문제를 풀어가는 '거버넌스 설계자로서의 단체장' 말이다.

　오는 지방선거는 그 변화의 시작점이 될 것이다. 마침내 우리 손으로, 민주주의의 마지막 퍼즐인 거버넌스를 완성하게 될 것이라 믿는다.

닫는 글

느린 소가 천 리를 간다

공공은 느리다. 정치는 그나마 빠르다. 민간은 그보다 훨씬 빠르다. 지난한 문제 해결의 과정들이 국민에게 온전히 체감되지 못하는 이유도 이 속도의 차이 때문일 것이다. 우리는 공공의 안정적인 속도나 민간의 압도적인 속도에 익숙해져 있어, 정치의 신중한 속도를 이해하기 어렵다.

만일 우리 사회가 관성대로 움직이는 공공의 속도에만 머무른다면, 시대의 변화를 따라가지 못하고 도태될 것이다. 반대로, 질주하는 민간의 속도에만 모든 것을 맡긴다면, 그 끝은 예기치 못한 사고와 파국으로 이어질 것이다. 정치의 '신중한 속도'야말로 우리 사회가 나아가야 할 방향이다.

2007년 방영된 MBC 〈무릎팍도사〉에서 가수 성시경이 던졌던 발언을 얼마 전 접했다. 당시 그는 "정당한 대가를 내고 음악을 들어달라"고 주장했고, MC와 패널들은 당황하는 기색이 역력했다. 당시는 mp3 파일 불법 다운로드가 만연해 있어, 돈 내고 음악을 듣는 것이 오히려 이상하게 여겨지던 시절이었다. 18년 전에는 생소했던 그의 발언은 이제 돌이켜보면 지극히 상식적인 이야기가 되었다.

'체벌 금지'를 반대하던 때도 있었다. '체벌' 반대가 아니라 '체벌 금지' 반대말이다. 사랑의 매, 교권 추락 등 지금 보면 허무맹랑한 주장도 그때는 그럴싸해 보였다. 당시 고등학생이었던 나 역시 체벌이 금지되는 것이 마냥 좋게만 느껴지지 않았던 기억이 난다. 결과적으로 체벌은 한국의 교육 현장에서 사라졌고, 이제는 너무나 당연한 일이 되었다.

주 5일제를 도입할 때에도 격렬한 논쟁이 있었다. 경제계와 보수 언론은 '삶의 질 높이려다 삶의 터전을 잃는다'며 강하게 반대했다. 결과적으로 주 5일제는 우리 사회에 안착했고, 우리는 그 과실을 누리고 있다.

이처럼 더디게만 보였던 변화가 결국 우리 사회의 상식이 되는 과정은 이 책 전체를 통해 내가 말하고자 했던 바를 압축적으로 보여준다. 민주주의의 더딘 과정이 때로는 답답하게 느껴질 수 있지만, 이는 다양한 갈등을 중재하고 합의를 만들어가는 정치 본연의 작동 원리 때문이다. 앞서 살펴본 사례들은 우리의 제도가 비록 느리지만 분명히 제대로 작동하고 있음을 증명하는 사례다.

옛말에 이르길 "우보천리(牛步千里)요, 마보십리(馬步十里)"라고 했다. 빠르게 달리는 말은 십 리밖에 가지 못하지만, 느리게

걷는 소는 천 리까지도 걸을 수 있다는 말이다. 느리지만 끈질기게 나아가는 소의 걸음이야말로 민주주의가 작동하는 본질에 가깝다.

윤석열 대통령의 실패는 바로 이 '정치의 속도'를 이해하지 못한 데 있었다. 그는 1987년 민주화 이후 대통령에게 집중됐던 권력이 국회로 분산되었다는 거대한 시대의 변화를 읽지 못했다. 그는 모든 것을 힘으로 밀어붙이는 말의 속도를 택했고, 결국 파국을 맞았다.

이제 시대는 한 걸음 더 나아갔다. 국가 권력의 중심이 대통령에서 국회로 분산된 것을 넘어, 이제는 지방정부, 시민단체, 국민으로 넘어오는 '거버넌스'의 시대가 시작된 것이다. 과거에는 정부나 소수의 정치인들이 쥐고 있던 속도 조절의 고삐가, 이제 우리 모두의 손에 쥐어졌다.

한 사람의 대통령이 정치의 속도를 이해하지 못해 나라 전체를 위기에 빠뜨릴 수 있다는 것을 목격한 이상, 이제는 우리 스스로가 이 '신중한 속도'의 의미를 이해하고 현명하게 조절할 수 있어야 한다. 그러므로 더 많은 시민이 정치 과정에 참여하여, 오늘의 문제를 내일의 상식으로 바꾸는 그 위대한 걸음에 함께하기를 기대한다.

감사의 글

'경계(境界)'를 '경계(警戒)'하며

나는 경제학자가 아니다. 정치학자는 더더욱 아니다. '학자'라는 단어는 평생을 학문에 바쳐온 이들을 위한 것이라 믿는다. 내가 학업의 끈을 놓지 않았던 이유는 그들과 같은 학자가 되고 싶다기보다는 그들에 대한 깊은 존경심 때문이었다.

정치의 문턱에 서 있듯, 나는 어쩌면 학문의 경계에 있기도 하다. 직업으로서 정치와 국민을 잇는 다리가 되고자 했다면, 학업으로서는 학문과 대중을 잇는 사람이고 싶었다. 어쩌면 '경계(境界)'를 '경계(警戒)'하며 살아가는 것이 나에게 주어진 운명일지도 모르겠다.

이 책이 학문적 엄밀성 면에서는 부족할지 몰라도, 적어도 평생을 바쳐 진리를 탐구해온 분들 앞에 부끄럽지 않아야 했다. 그런 마음으로 이 책이 탄생하기까지 많은 분들께 비판적인 검토를 구했다. 그들은 때로는 냉철한 비판을, 때로는 따뜻한 격려를 해주었다.

먼저, 전현직 보좌진인 강태영, 박광채, 이시성, 장경환, 전

상규 선배에게 감사의 마음을 전한다. 출판에 대한 막연한 고민을 나눌 때마다 그들은 나보다 더 기뻐하며 용기를 주었다. 최성원 고양시의원과 엄익호 선생은 꼼꼼한 눈으로 원고를 살피며 아낌없는 조언을 해주었다. 특히 박한슬 작가는 거칠었던 초고에 생명력을 불어넣어 주었다. 전문가의 손길이 얼마나 소중한지 그를 통해 다시 한번 깨달았다. 책에 여전히 부족한 부분이 있다면, 그것은 수많은 조언을 온전히 담아내지 못한 나의 욕심과 부족함 탓이다.

내가 정치 현장을 경험할 수 있도록 소중한 기회를 준 네 분의 국회의원이 계신다. 김현미, 이용우, 김영환, 모경종 의원은 모두 나에게 스승이다. 특히 모경종 의원은 보좌관인 내가 드러나는 것을 불편해하기는커녕, 오히려 격려하고 응원해주었다. 그가 아니었다면, 나는 이 책을 통해 내 생각을 정리할 기회도 얻지 못한 채 한참을 방황했을지 모르겠다.

보좌진 생활을 하며 동고동락했던 모든 선배, 동료, 후배 보좌진들은 모두 내게 소중한 자양분이 되었다. 특히 12·3 비상계엄이라는 헌정사상 초유의 위기 속에서, 두려움을 넘어 함께 국회를 지켰던 우리방 동지들(김형준, 최준호, 정녕, 정희찬, 윤소정, 김소정, 한찬종, 박소연, 김태경, 이가은)을 평생 잊지 못할 것이다. 그날의 긴박했던 순간, 현장에서 분투하던 내 모습을 생생하게 기록해준 JTBC 최규진 기자에게도 각별히

고맙다는 말을 전한다.

 무엇보다 내 원고를 책으로 세상에 내보내준 메디치미디어 김현종 대표님을 비롯한 편집진에 깊은 고마움을 전한다. 평소 좋아하던 출판사에서 내 글을 인정해줬을 때의 기쁨은 각별했다. 이는 단순히 원고에 대한 평가를 넘어, 그간의 노력이 냉정한 시장의 시선 속에서 오롯이 가치를 인정받는 경험이었다. 이 소중한 경험은 앞으로 글을 쓰는 내내 큰 용기가 되어줄 것이라 믿는다.

 불안한 길을 걷는 아들을 늘 걱정스러운 눈으로 지켜봐주시는 부모님과 형에게 마음 깊이 감사한다. 그리고 마지막으로, 늦은 밤과 주말의 쉼마저 글쓰기에 매달렸던 나의 곁에서 늘 큰 힘이 되어준 신소희에게 이 책을 바친다.

본문의 주

1 김현미. (2014). [한경에세이] 아이들이 행복한 시대. 한국경제. 2014년 2월 25일. https://www.hankyung.com/article/2014022509011
2 김진방. (2020). 中우한 1천병상 화선산병원 10일만에 완공…본격 운영. 연합뉴스. 2020년 2월 3일. https://www.yna.co.kr/view/AKR20200203054300083?input=1195m
3 전희윤. (2020). 우한시, 대학교까지 동원…병상 5,400개 추가. 서울경제. 2020년 2월 8일. https://www.sedaily.com/NewsView/1YYUD95D9G
4 이정수. (2021). 중국 시안 1300만명 외출 금지… 코로나 확산에 도시 봉쇄. 서울신문. 2021년 12월 22일. https://www.seoul.co.kr/news/international/china/2021/12/22/20211222500216
5 문예성. (2022). 中정부, 봉쇄 2달 상하이 주민이 겪은 트라우마엔 '침묵'. 뉴시스. 2022년 6월 2일. https://www.newsis.com/view/?id=NISX20220602_0001894725&cID=10101&pID=10100
6 김지숙. (2022). 중국 '기술 허브' 선전, 코로나 확산에 도심 봉쇄. KBS. 2022년 9월 3일. https://news.kbs.co.kr/news/pc/view/view.do?ncd=5548543&ref=A
7 박종국. (2022). 코로나에 인구 2100만 中 청두 도시 봉쇄…"전 주민 외출금지"(종합) 연합뉴스. 2022년 9월 1일. https://www.yna.co.kr/view/AKR20220901095551097
8 이귀전, 이병훈, 이종민. (2022). 상하이, 기약 없는 봉쇄… 교민 "하루 한 끼 먹으며 버텨". 세계일보. 2022년 4월 19일. https://www.segye.com/newsView/20220418515513?OutUrl=naver
9 홍우리. (2022). "두 살 딸 격리에 母 극단적 선택"...中 코로나 유언비어 난무. 뉴스핌. 2022년 4월 4일. https://www.newspim.com/news/view/20220404

10 대런 애쓰모글루, 제임스 A. 로빈슨. (2012). 《국가는 왜 실패하는가》. 시공사.
11 김상조. (2012). 《종횡무진 한국경제》. 오마이북.
12 국회입법조사처. (2024). 〈제21대 국회 입법활동 분석〉.
13 참여연대. (2023). [카드뉴스] 국회의원 수가 적으면 누가 좋을까?. 2023년 4월 28일. https://www.peoplepower21.org/politics/1936704
14 이준한. (2023). 인천의 지방의회의원선거와 선거구획정의 특징. 《인천학연구》, 117-165.
15 윤형하. (2024). 작년 근로자 평균 연봉은 4천332만원…억대 연봉 139만명. 한국세정신문. 2024년 12월 19일. https://www.taxtimes.co.kr/news/article.html?no=126436
16 이용우. (2021). 《두 발로 선 경제》. 한빛비즈.
17 국회 정무위원회. (2023). 〈전기통신금융사기 피해 방지 및 피해금 환급에 관한 특별법 일부개정법률안(의안번호 2206052, 2206275) 검토보고서〉. 2023.12.
18 김영환. (2017). 《다시 새 길》. 행복스토리.
19 국회입법조사처. (2020). 〈코로나19 관련 국내외 경기부양책 현황 및 시사점〉, 《이슈와 논점》 제1697호.
20 일본 -6%, 미국 -7.3%, 영국 -11.5%
21 노경진. (2020). K방역의 힘…올해 성장률 OECD 회원국 1위. MBC. 2020년 8월 12일. https://imnews.imbc.com/replay/2020/nwtoday/article/5871275_32531.html
22 KDI. (2025). 위기의 자영업을 지켜라. 《나라경제》, (2025년 9월호).
23 김홍균. (2024). '25만원 민생회복지원금', 과연 서민을 위한 정책인가?. IFS. 2024년 5월 5일. https://www.ifs.or.kr/bbs/board.php?bo_table=News&wr_id=54112
24 정선영. (2016). 한은 "경기침체 국면에서 재정정책 효과 3배 크다". 연합인포맥스. 2016년 9월 6일. https://news.einfomax.co.kr/news/articleView.html?idxno=247038
25 박호재, '윤석열 정부 3년간 세수결손 97.5 조 원 '역대급''. 〈뉴스휴플러스〉. 2025.07.03.
26 이장규. (2014). 《대통령의 경제학》. 기파랑.

27 함성득. (2017). 《제왕적 대통령의 종언》. 섬앤섬.

28 김희준. (2018). 대학생들이 직접 만드는 '조례'를 아시나요. 시사저널이코노미. 2018년 2월 8일. https://www.sisajournal-e.com/news/articleView.html?idxno=179959

29 남형도. (2024). "세금은 이렇게 쓰는 것" 극찬 '그늘막'…처음 만든 사람[아·시·발]. 머니투데이. 2024년 2월 23일. https://www.mt.co.kr/society/2024/02/23/2024022115525548636

30 이기홍. (2019). 고양시, 은행 그물망 수거…시민들 반응 호의적. 시민일보. 2019년 10월 16일. https://www.siminilbo.co.kr/news/newsview.php?ncode=1065594900437836

31 안서영. (2025). UX디자이너가 정치를 하면 바뀌는 일 - 서초구 박재형 의원 인터뷰. 뉴웨이즈. 2025년 1월 20일. https://newways.kr/news/?bmode=view&idx=143552039; 이배윤. (2024). 서초구의회 박재형 의원, "구민 체감도 높은 정책 꾸준히 발굴하겠다". 이뉴스투데이. 2024년 7월 10일. https://www.enewstoday.co.kr/news/articleView.html?idxno=2150404

32 하동현, 정재환. (2023). "우리 시도에 소속감" 1년 만에 6~8%p 상승…"지자체장, 의견 수렴 부족" 56%. 한국일보. 2023년 10월 28일. https://www.hankookilbo.com/News/Read/A2023102614370002852

33 정임수. (2023). [오늘과 내일/정임수]땔감 된 거북선, 전국 곳곳에 지자체 '세금 낭비'. 동아일보. 2023년 7월 26일. https://www.donga.com/news/Opinion/article/all/20230717/120284390/1

34 이상팔. (2004). 대리인 이론 관점에서 본 지방의회의 활성화 조건. 지방행정연구, 18(1), 51-76.

35 행정안전부. (2025). 〈2025년도 예산 및 기금 개요〉.

36 Eulau, H. (1962). The Legislator as Representative: Representational Roles. In J. C. Wahlke et al. (Eds.), 《The Legislative System: Explorations in Legislative Behavior》 (pp. 37-76). New York: John Wiley & Sons, Inc.

37 Meckling, W. H., & Jensen, M. C. (1976). Theory of the Firm: Managerial Behavior, Agency Costs and Ownership Structure. 《Journal of Financial Economics》, 3(4), 305-360.

국회의원은 아니지만 국회로 갑니다
나이 서른에 국회 다니는 유 보좌관 이야기

초판 1쇄 2025년 11월 26일 발행

지은이 유신욱
펴낸이 김현종
기획총괄 배소라 **출판본부장** 안형태
편집 최세정 진용주 황정원 김수진 장진경 안선희
디자인 조주희 김연주 **마케팅** 김예리 신잉걸
방송사업·미래전략본부 정태준 문상철 이주리 백범선 박윤수 남궁주철

펴낸곳 (주)메디치미디어
출판등록 2008년 8월 20일 제300-2008-76호
주소 서울특별시 중구 중림로7길 4
전화 02-735-3308 **팩스** 02-735-3309
이메일 medici@medicimedia.co.kr **홈페이지** medicimedia.co.kr
페이스북 medicimedia **인스타그램** medicimedia
유튜브 medici_media

© 유신욱, 2025
ISBN 979-11-5706-495-3 (03300)

이 책에 실린 글과 이미지의 무단 전재·복제를 금합니다.
이 책 내용의 전부 또는 일부를 재사용하려면 반드시 출판사의 동의를 받아야 합니다.
파본은 구입처에서 교환해 드립니다.